河出文庫

天皇と賤民の国

沖浦和光

河出書房新社

◉目次

天皇と賤民の国

序にかえて　わが人生の転機

十八歳の夏、敗戦の日を迎えた。一九四五年八月十五日正午、天皇の無条件降伏の放送を聞いた午後、近くの当麻寺《たいま》から二上山に登った。戦争中登る人もなかったので山道は荒れ、ふるような蟬しぐれのほかは全山静まりかえっていた。雲一つない夏空のかなたに大和の国を望見しながら、これからの日本はどうなるのかと深い感慨にふけった。

ながい間、日本の民衆を呪縛《じゅばく》していた天皇制ファシズムは、敗戦とともにたちまち瓦解《がかい》しだした。軍国日本の価値観と古いモラルは音を立てて崩れだし、疾風怒濤《どとう》の戦後が始まった。私たちは、産湯《うぶゆ》の時から〈日本神国〉思想によって教育された世代であった。そのような旧思想が崩壊して、「もう一度生き直さねばならぬ」新しい時代がやってきた。

再建日本は、焼跡に漂う硝煙《しょうえん》をたくみに吸い取りながら、明治維新以来二度目の〈脱亜入欧〉路線をひたすら突っ走った。西欧文明を必死で追走し、敗戦三十年後の一九七〇年代には、ついに先進国の最前線に並び立った。

五〇年代、六〇年代、七〇年代と、次々にやってくる時代の転機を追うように、私の人生にも転機が何回かあった。戦後すぐの学生運動はわが青春の原点であり、それはまた、戦後の新時代の転機の始まりでもあった。

七〇年代初頭、近代機械文明を謳歌してきた産業主義の危機を迎え、混沌（カオス）の時代に入ろうとしている西欧に留学した。しかし、その社会は、自然の破壊・伝統文化の解体・コミュニティの崩壊という高価な代償を払いながら、物質文明の光と闇を同時に体現していた。新しい次元での〈西欧の没落〉はすでに急速に進行しつつあった。少年時代からのあこがれであった西洋を歩きながら、私はしだいに幻想から覚《さ》めていった。

なかば裏切られた思いで、帰路インドに立ち寄り、広大な亜大陸を歩いた。インダス文明以来の歴史の底の深さと、ヒンドゥー・カースト制のもとでの人間の生き方に衝撃をうけた。それから何回か、インドを再訪した。また、日本の海民の原郷を調べるために、南太平洋の辺境の島々をしばしば訪れるようになった。そこでもまた、西洋市民社会とは異質な人間の生き様《ざま》に深い感銘を受けた。

私の胎内に巣食っていた《未開から文明へ》という単線的な歴史進歩の観念が、しだいに瓦解していった。毎年のようにアジア・アフリカを歩き、新鮮な〝発見の旅〟

が続いた。辺境の共同体に生きる人びとは、古い時代の人間の生活を偲《しの》ばせるが、それとともに、そこにはまた、人間の新しい生き方を示唆《しさ》する何かがあった。

そのころ一人の思想家に出会った。今は近代史の底に埋もれているが、その名を高橋貞樹という。たまたま占領軍に押収されていた稀覯《きこう》本が返却されると新聞が伝え、その中に高橋が一九二四年に書いた『特殊部落一千年史』があった。発売直後に発禁、幻の名著と言われていた本で、十九歳の時の著作である。

復刻版で読んで私は驚嘆した。アジアの各地からこの列島にやってきた日本民族の諸源流から説き起こし、古代天皇制国家のもとでの身分制度の形成史を第一章に据えている。日本史を通底する〈聖〉と〈賤〉の対抗関係をえぐり、日本文化の深層には賤民文化という黙視できぬ地下伏流が走っていると言う。後半の水平社運動の興隆を説くあたりも、すばらしい筆致である。被差別民の立場から人間の真の自由を求める彼の情熱は、鋭い論理とイメージ豊かな文体とあいまって、私の心底をゆさぶった。

翌年、高橋は、二十歳で『世界の資本主義戦』(一九二五年八月、白楊社、三四二頁)を出版している。その書は翻訳を基調としているとはいえ、資本主義列強の現状分析としては先駆的な仕事だった。

高橋は一九〇五年に大分県で生まれた。東京商大(現一橋大学)に進んだが、十七歳で反戦運動に参加している。水平社結成の報を聞くや中退して奈良の被差別部落に入り、やがて水平運動の第一線に立った。少年期から肺を病んで体が弱かったが、それにもめげずに、水平社創立期の理論的リーダーとなった。二十一歳で、当時はまだ未成熟であった日本の革命組織を代表してソビエト・ロシアに渡った。

それから二年、一九二八年三月十五日の大弾圧で組織潰滅《かいめつ》の報を聞くと、シベリア経由でひそかに帰国する。四つのペン・ネームを駆使してひとりで機関誌を再建するが、まもなく逮捕され、獄中で病勢悪化し三十歳で死去した。短いが波瀾万丈の一生だった。

彼の生涯についてはⅢ章で触れてある。彼は転向者として、革命運動の正系史からは消されているが、その転向は決して天皇制ファシズムへの屈服ではなかった。その「上申書」にあるように、当時の世界革命組織であるコミンテルンのセクト主義的官僚主義への批判が主軸にあり、スターリン主義のもとでの共産主義は真の社会主義ではないことを鋭く指摘したものであった。そのソビエト体制批判の矛先は今でも的を射ている。彼はまた芸術を愛し、中学時代その未来派風の絵が展覧会に入選したこともあった。

それから私は高橋に関する全資料をあさり、まだ存命されている旧友人を探し歩いて、彼の青春の時代について尋ね歩いた。夫人が光市で健在であると聞いてかけつけた。かつての遊廓の一隅の六畳一間の二階借りであったが、壁面は全部本で埋まり、八十をこえてなお読書に励んでおられた。読了した本はミカン箱に詰めて、死後に故郷の図書館に寄贈する準備をされていた。夫人もかつては女性解放運動の草分《くさわけ》のひとりであり、反戦運動に参加して逮捕され、戦争中は瀬戸内海のハンセン病棟で看護婦として働いておられた。

昔話をいろいろうかがった。寒風の吹く二月であったが、火の気は何もなく窓もあけはなたれていた。すでに数十年が経過し、齢《よわい》すでに八十歳をこえているのに、在りし日の高橋の面影を物語る夫人の目はキラキラ輝いていた。

高橋とはたった二年の同棲であったが、運動で忙しくいつもすれ違いだった。やさしく愛をたしかめあう時もなかったのが心残りと、女のまなざしで語っておられた。数多くのエピソードの中に、草の根の民衆と共に生き抜いた高橋貞樹の強烈な個性を感じとった。

人生の峠にさしかかった地点で、私は「アジア文明体系の再発見」と「高橋貞樹との出合い」という二つの転機に、ほぼ同時にぶつかった。どうやらそれが、私の生涯での、最大にして最後の思想的転機になりそうである。

（『朝日新聞』86・3・11）

I　日本民族の諸源流

日本民族の五つの源流について——天孫族はどこからきたか

多種多様な〈日本人〉

私たち自称「日本人」は、人種的には黄色人種、すなわちモンゴロイドに属する一つのヒト集団であります。この自称「日本人」の源流を辿れば、いくつかの異なった民族に分かれます。それぞれの民族集団は、その先祖たちの出生の地も異なり、衣食住の慣習や文化風俗も違っていました。しかもややこしいことに、この列島にやってきた時期も違うのです。北から南から、そして西や東から、何十波、何百波にも分かれて、何万年もかけて順次この列島に渡来してきたんです。

そういったいくつかの異なる系譜を持った民族集団が、複雑にからみあい混じりあって、今日の〈日本人なるもの〉が形成されていったのです。しかもここに至るまでに、数千年、いや数万年の年月が経過しているのです。とても一筋縄ではいかぬ民族的諸要素の複合体なんですね。

たとえば、何万年も以前にこのアジアにやってきて温暖な地方に住んでいた古いモンゴロイド系の末裔ではないか、そのようにみられる日本人もいます。そしてまた、北方寒冷地への適応の結果として、身体的にも文化的にもかなり変化していった新モンゴロイド系の子孫とみられる日本人もいます。

このような〈古モンゴロイド〉〈新モンゴロイド〉という分類法は、近ごろ目ざましい進歩をみせているわが国の自然人類学者が積極的に言いだしたのです。私もアジア各地をよく歩き回っているんですが、なるほどと思って、早速この分類法を使わせてもらっています。前者は背がやや低い。どちらかといえば彫の深い顔で体毛は多い。色はやや浅ぐろい。後者はその反対ですね。顔がのっぺりしていて体毛が薄く、背は高い。顔色もどちらかといえば白い。前者、すなわち古モンゴロイド系はおもに南方アジアに分布し、後者すなわち新モンゴロイド系は北方アジアに広がっています。このどちらの要素も、日本人の中に入ってきているのです。

一九七八年に台湾に行った時に、台湾人の学者が言っていました。数世紀前に中国大陸からやってきた台湾の内省人は、おもに大陸の江南・華南地方からやってきた南方系だから背も低く顔色も白くない。ところが、第二次大戦後の中国革命で大陸から追われてこの台湾にやってきた北方系の漢人は――彼らは外省人と呼ばれていますが――背が高くて色も我々よりは白い。だから道を歩いていてもすぐ区別できると。台湾にはご承知のようにこの島の先住民である高地民族がいます。彼らはヤミ族・ツォウ族・アミ族など九族に分かれていますが、その主力はフィリピン・インドネシアから渡ってきた。それも古《プロト》マレー系と新マレー系に大別できるのですが、いずれにしても南方系ですから、先にあげた江南系の台湾人とそれほどの変差はありません。やはり背は低い方で体毛は濃く色も浅黒い。平均的日本人とよく似ています。

今、台湾に住んでいるヒトビトはこのように三つの祖型に区分できるのですが、この日本列島は、実は台湾よりはるかに複雑な民族構成の上に成り立っています。西洋人に言わせると、多くのアジア人の中でも、日本人ほど見分けにくい民族はいない、日本人の形質的特徴は実に多種多様で、てんでんバラバラである。統一された民族的特徴がない——こう言いますね。背の高いの低いの、丸顔と細長い顔、凹凸《おうとつ》のある顔とのっぺり顔、体毛の濃い人と薄い人、色の白い人と褐色に近い人。単一民族と自称しているのに、これだけバラバラなのはたしかに珍らしい。

私も西洋に留学していた時は、よくチャイニーズかコリアンかベトナミーズかと訊ねられました。違うと言うと、タイワンかインドネシアンかときく。なかなかジャパニーズと言ってくれません。それほどに日本人というのは、はっきりした形質的特徴がないんですね。

さきに北方系と南方系のおおまかな特徴について申しましたが、さっきからオレはそのどちらでもないぞといった表情で冷やかに聞いていらっしゃる方もいます（笑）。その方々は、一口で言えば両者の混血なんですね（笑）。ながい間に混血に混血を重ねて、筋立ちが不明の、分けの分からぬ体付《からだつ》きになってしまったんですね（笑）。

アジア各地を訪れて

ここ十数年来、私はアジアの各地を足繁く訪れています。七〇年代からインド亜大陸は五回訪れました。東南アジアにも何回か行きました。中国大陸と朝鮮半島にもしばしば出かけました。

インドネシアにもよく行っています。かれこれ二十回は訪れています。インドネシアは一万三千七百余の島々から成り立つ世界最大の島嶼国家です。住民は二百五十以上と推定される民族集団に分かれ、その自然・風土・歴史によって互いに言語・社会構造・宗教・生活様式を異にしています。もちろん、共通項で括《くく》れるところも少なくありません。

私が訪れたのは、おもに辺境に住む民族の地です。そこに住んでいる古マレー系とされている先住民族の歴史・宗教・民俗・文化を実地に調べるためです。これまでにスマトラのバタック族、スラウェシ（旧セレベス）のトラジャ族、カリマンタン（ボルネオ）のダヤク族、それにヌサテンガラ（旧小スンダ列島）の島々に住む諸民族の地を訪れました。一度ではよく分からないのでいずれも二〜三回は訪れています。これらの諸民族でも、日本人とよく似た顔によく出会います。私見では、日本人と最も似ているのがダヤク族ですね。熱帯ボルネオだから色が黒いと思われるでしょうが、さにあらず、むしろ女の子は日本人より色が白い。

南太平洋の島々まで、なぜそんなにたびたび通うのかとよく訊ねられます。その理由は、三つあります。第一は、日本人の源流の一つである南方系海洋民の民族的源流を探るためですね。第二は、私の姓からも分かるようにわが家系は瀬戸内海の海人《あま》で村上水軍の末裔を自称しているんですが、日本の海民の歴史を遡りながらわが祖先のルーツを究《きわ》めるためですね。私は、「瀬戸内の海民の歴史」をライフ・ワークと決めていて、見取図だけは頭の中でもう出来ています（笑）。もうあと残り少ない肉体的・精神的エネルギーをそこに集中的に注ぎ込んでいるのですが、目の黒いうちに完成しますかどうか（笑）。

第三は、これは直接的な目的になりますが、大学で教えている「アジア文化史」と「比較文明論」に役立つ資料やデータを得るためですね。このいずれもが体系的にも方法論的にもまだ未確立の学問領域なので、机上の書物だけに頼るわけにはいかないのです。やはりこの目で確かめながら、自分自身の意見を定立していかねばならない。来週からまたネパールへ出かけます。昨年に引続いて、ネパールの山岳地帯に住む古モンゴロイド系の先住民族の地を訪れるためです。

ところで、あちこち旅をしていて感じるのは、《アジア文明体系の全面的な見直し》という問題意識を抱くようになったのが、いささか遅過ぎたという実感ですね。一九二七年生まれの私にとっては、赤道直下の未知の島々の旅はやはりしんどい。精神や思想の面では実に新鮮なさまざまの刺激を受けるのですが、肉体的になかなか即応できない。かつてインドの奥地へ入った時はまだ四十代なかばで、二日やそこらは寝ないでも頑張れたのですが……。三年前にボルネオへ行ったさいも、小さなボートでダヤク族の好青年のガイドで大河マハカムを四日間も遡行しました。しかし、そこはまだ入口なんですね。本来のダヤク族の生活文化が残っている土地まで、小さな河を遡行してまだ一週間はかかるときいて、ついに断念しました。

日本列島の海民

さきほど私のルーツは海民だと申しました。ここではこれ以上深入りしませんが、私の先祖を遡ると南九州の「隼人《はやと》」に辿り着くのではないかと考えています。

瀬戸内海の沿岸部や島嶼部には、縄文から弥生時代にかけての遺跡が数多く発掘されています。私もこれまでに芸予諸島の島々を中心に、三十回ほど瀬戸内を訪れて歴史民俗調査をやっておりますが、一部の島々では縄文より以前の旧石器時代の遺物も出土しています。

これまでの古代史家の論証では、日本列島の海民は、安曇《あずみ》系と宗像《むなかた》系に大別されるとされてきました。その民族的源流にまで遡って追求する作業はまだまだこれからですが、瀬戸内生まれの民俗学者宮本常一もこの説を踏襲しています。こういう括《くく》り方には私はまだ問題があると思っているのですが、それはさておいて、瀬戸内の海民も二系列に分かれるようです。その主力は、縄文末期から弥生時代にかけてこの列島にやってきたいわゆる「倭人」系の海民です。彼らのもともとの出身地は、中国大陸の南部の江南地方からインドシナ半島一帯に及ぶ広い沿岸部であったと推定されています。この系列がいわゆる安曇系とみなされているのですが……。

瀬戸内には、そのような系譜をひく「倭人」系海民が古代から多数であったように思われます。その問題は、文献史料や考古学資料、さらには比較民俗学や比較神話学などを援用して、なんとか究めることができるのではないかと考えております。

このように倭人系の海民が瀬戸内では多かったと思われるのですが、その究明のさいに注目すべきは「越智《おち》水軍」の存在ですね。彼らは明らかにヤマト王朝の主流系とは異なる先住民系の海洋民です。天皇家が編纂した正史では全くと言っていいほど登場しないのですが、瀬戸内海の中央部では今日でも隠然たる大勢力です。越智水軍のあとをひく河野水軍関係の史料でも越智の名はたくさん出てきます。芸予諸島の一部を今でも「越智七島」と呼びますが、その島々と伊予沿岸に根をはっていたのが越智の大勢力です。彼らはずっと大三島の大山祇《おおやまつみ》神社の祭神・大山祇神を〈海神〉として崇敬してきましたが、越智一族に伝わる伝承や説話は、彼ら一党が江南系であることを示唆しています。記紀神話では、オオヤマツミノカミは薩摩半島にいた国津神系であって、コノハナノサクヤヒメの父にあたります。

天孫降臨神話では、高千穂の峰に天降《あま》ったニニギノミコトが、先住民系のオオヤマツミの娘のサクヤヒメと婚することになります。天皇家の祖神である天津神系が、先住民系の国津神の娘を娶《めと》る。そして、一夜にして懐妊して三人の子を産む。

それがホデリノミコト、ホスセリノミコト、ホオリノミコトです。ホデリが海幸彦で、ホオリが山幸彦です。「海幸・山幸」の物語は、隼人服従を物語る説話として有名ですが、海幸のホデリは隼人阿多《あた》君の祖とされています。サクヤヒメの別名はアタツヒメですが、これはやはり薩摩半島の阿多地方にちなんだ名ですね。まとめて言えば、天孫のニニギは、先住民族隼人の娘サクヤヒメと結婚したことになるわけです。そして阿多隼人こそ、隼人族の中でも最も海民的要素をはっきり持っている集団だった。

ところで隼人は、やはり南方系海洋民の系譜に連なることは、いろんな資料によって明らかになっています。九州南部から南西諸島の一部にかけて独自の文化圏を築いていた隼人の源流は、インドネシア系とみられています。さきに述べた宗像系がこれにあたるとされていますが、そのままスッポリと重なるかどうか、私はかなり疑問視しています。隼人がインドネシア系であることは後述するように一九二〇年代のわが国の人類学会でほぼ確立された学説ですし、戦後もすぐれた隼人研究がいくつか発表されていますが、私は大筋においてそれを肯定しています。私も隼人の源流を調べることがインドネシア歴訪の一つの目的だったのですが、実地に訪れてその学説の実証性をますます確信するようになりました。

このようにみてくると、オオヤマツミを守護神とする越智一族にも隼人系海民の血が入っているのではないのか——そういう説も立て得るように思われるのですが、そこらあたりの問題は今後の究明課題です。大三島に宗方《むなかた》という漁村があります。どうみても宗方は宗像に通じますね。私も二度ほど訪れましたが、ここには先祖は南九州からやってきたという伝承が残り、民俗慣習や祭祀儀礼なども大三島の他の村々といくらか違うようです。大崎下島の沖友もそうですね。同じ島の中であっても、村の成立事情や先祖伝来の由緒が違うのです。それにもう一つ付け加えておかねばならないのは、瀬戸内の漂泊海民であった〈家船《えぶね》〉漁民ですね。一家で船をすみかとしてあちこちの海域を放浪しながら漁をやってきました。彼らの生活習慣も、古い海民族の伝統をひいていると考えられます。

文明・半開・未開

これから話は本筋に入ります。我々人間は、もちろん動物の一員であって、学名はホモ・サピエンス、正確に言えばHomo sapiens sapiensと言います。

今日、地球上には約五十三億のヒトがいますが、このヒトはすべてひとつの種に属しています。他の種と交わらないで閉ざされた系の中で生きている独特の種なのです。生物学で定義すれば、脊椎動物門、哺乳綱、霊長目、ヒト科です。これは中学生でも知っています。ヒトの身体的構造は解剖学上は犬や馬など他の動物と同じで、同じ設計図に基づいた共通の身体構造です。呼吸システムも、遺伝情報のコードも共通しており、おそらく何十億年さかのぼるとすべての生物は単一の先祖にたどり着くと考えられます。

ちょっと話が横にそれますが、ヒトだけが〈万物の霊長〉であると思ったら大まちがいで、これは非常に思い上がった思想です。こういったヒト中心の優越主義の発想が、多くの生物を平気で抹殺し、生態系をメチャメチャにして自然を破壊に追い込む考え方につながっていくのです。

近代西洋文明における人間中心主義（ヒューマニズム）は、ヒトを万物の霊長とみる思い上がったところから発しています。しかもそのヒトの中心にいるのがヨーロッパに住む白人とされてきたのです。地球人口の十数パーセントにすぎぬ白人を中心として、近代主義的な歴史進歩史観が構築されてきたことは否定できぬ事実であります。われわれモンゴロイドと比べて、先天的に白人が人間的資質においてすぐれていて、黒人は劣《おと》っていると思いこんでいる者が、まだかなりいます。

こういう考えは、①文明＝白人社会、②半開＝黄色人社会、③未開（野蛮）＝黒人社会という、長年にわたる固定観念を下敷きにしている。こういう観念は、十六世紀からの西欧列強のアジア、アフリカ侵略という過程で作られていったのです。

初期の奴隷狩りが、西洋社会の精神的支柱となったキリスト教のもとで、その行為を教義的に黙認する方向で行なわれたことを、われわれは忘れてはならない。もちろん、あまりの残虐に抗議する声も一部の聖職者からあがったのだが、一攫千金を狙う血にまみれた欲求はそれを黙殺しました。

〝奴隷狩り〟を正当化する論理は、神の恩寵をうけた白人が人種的に優越し、皮膚の色が異なり異教を信じる黒人は劣等であるという人種差別観にもとづいていた。神の恩寵から見放された者は、もともと奴隷にされてしかるべき運命にあったという思想が、そのウラに潜んでいたのです。アメリカ大陸、アフリカ、オーストラリアなどにおける先住民族の虐殺をともなう侵略は、永久に人類史から消すことはできません。西欧帝国主義による植民地争奪も、同じように理屈づけられ、正当化されました。

世界の諸民族を、①文明、②半開、③未開のいずれかに区分し、進歩した文明人による未開人の教化というタテマエのもとで侵略が合理化されました。〈文明開化〉を旗印とした欧化主義のもとで、人種差別と植民地化が遂行されたのです。

そういう欧化主義の波は、明治維新直後の日本にもやってきて、〈脱亜入欧〉思想となってあらわれた。たとえば福沢諭吉の『文明論之概略』（一八七五年）にしても、西洋＝文明、アジア＝半開、アフリカ＝未開という、例の三段階世界史進歩説を下敷きにしています。半開アジアの一員である日本人が、植民地化には抵抗しながら、いかにして西洋文明人と肩を並べられるようになるか、という方策を福沢は考えたのです。

その一つの帰結として『脱亜論』（一八八五年）を書きました。すなわち、「其伍《そのご》を脱して西洋の文明国と進退を共にし、其《その》支那朝鮮に接するの法も隣国なるが故にとて特別の会釈《えしやく》に及ばず、正《まさ》に西洋人が之に接するの風に従って処分すべきのみ」と述べて、中国と朝鮮を〈悪友〉と規定しました。こういう考えがアジア諸国を侵略しようとする日本帝国の行動を是認する思想的さきがけとなりました。

ヒトの素質は同一である

ところで、すべての動物の中でヒトだけが直立二足歩行、有声言語、家族形成という特徴を持っています。もちろん、類人猿もこれに非常に近いという有力な学説があることは改めて言うまでもありません。ヒトは、いかに文化的に進化しても、〈自然・内・存在〉としての動物の一員である。ヒトだけで生存することはできず、自然の生態系のなかで、他の諸生物との共生関係のもとではじめて生きることのできる動物であることを忘れてはなりません。

数万年、数十万年にわたってその身につけてきた文化的装束や文明的衣裳を剝ぎ取れば、そこに現われてくるのは、まぎれもなく〈自然・内・存在〉としてのヒトの裸体であります。このようなヒトと他の生物との連続性について、分子生物学や集団遺伝学をその前衛として進んできた現代生物学は、いくつかの新たな見地をつけ加えてきていますが、今日はこれ以上の深入りは避けましょう。

その生物的特徴からみて、ヒトはもともとは熱帯・亜熱帯の動物でした。今から百万年ほど前に、原人がアフリカを出てユーラシア大陸に広がっていった。原人が旧人をへて新人にまで進化するのに百万年以上かかっているが、その間に何回か氷河期がやってきました。きびしい寒さに耐えながら、生物は自然に適応すべく必死の努力を続ける。きびしい氷期に入ると寒帯・亜寒帯が広がるので、そこに住む動物は寒冷気候に適応するために体型や皮膚をしだいに変化させていくようになります。あるいは暖かい低緯度地方へ移動していったのです。動物の一員であるヒトも同じです。気候の変動にもとづく生存条件の変化が、ヒトをいくつかの人種に分かれさせる大きな原因となったのです。単一の種であったヒトの本性に変化が起こったわけではありません。

　このように自然環境に身体的・文化的適応をとげた結果、ヒトは猿人→原人→旧人→新人と進化してきました。今日のヒトが誕生したのは、年代的には二、三十万年前であったと推測される。旧人は、外見では今日のヒトに近かった。植物採取、狩猟や漁撈などの自然採取経済で生きていたが、すでに精霊崇拝《アニミズム》的な精神生活を営んでいたことは発掘された遺跡の状況からも明らかであります。

　熱帯アフリカに広がったヒトがネグロイド（黒人種）となり、亜北極的気候であったウルム第一亜氷期にヨーロッパまで分布したのがコーカサイド（白人種）となり、アジアにやってきたのがモンゴロイド（黄色人種）となった。そのモンゴロイドの一部は、当時陸つづきであったベーリング海峡を渡ってアメリカ大陸へ入りました。エスキモーやカナダ、アメリカのインディアン、南部で独特の文化圏を築いたインディオ――彼らアメリカ大陸の先住民はウルム氷期に海峡を渡った古モンゴロイド系の末裔です。

　インディアンにしろインディオにしろ、あちらに渡って彼らと出会うと、実に日本人とそっくりな顔に出会うことがあります。特に大陸奥地の住民がそうですね。それも道理、二、三万年も遡ると先祖は同じ源流にたどり着くわけですから。また数万年前に筏《いかだ》か丸木舟でユーラシア旧大陸から今日のオーストラリアに渡ったのが、オーストラリア大陸の先住民アボリジニです。

皮膚の色は表皮角化層のメラニン色素の量によって決まります。紫外線の強い地域では大量のメラニンによって強い陽光を防ぎ、逆に光の乏しい地域では紫外線をできるだけ取りこもうとするからメラニンが少ない。色が黒い白いというのも、そのような自然適応の結果であって、ヒトの素質や能力とは、なんの関係もありません。目が黒いか青いかを決める虹彩《こうさい》は、眼球内に入る光の量を調節する機能を果たしますが、やはり同じ原理であって、皮膚の色との相関度が高いのです。

さきにみたように、寒い北方では、背が高く面長《おもなが》で体毛の薄いヒトが多い。熱い南方はその逆です。背が低く丸顔で毛の濃いヒトが多い。こういう特徴も、すべて自然環境に適応するために生じた形態変化です。北方では、寒気にふれる体表面積を小さくして体温を保てる体型が求められて長身面長型になった。

このような特定の形質変化は、外的環境の刺激による突然変異によって部分的に新しい遺伝子ができて生じたものです。しかし、ヒトの個体にある遺伝子の本体は、自然淘汰や偶然などの外的要因とは関係なく保持されるので、形態にいくらかの違いが生じても、ヒトの本来的素質には変わりはない。皮膚や髪の毛の色、背の高さや顔つき――これらの差異を過大にみて、それで人種的な優劣を云々《うんぬん》することはできません（沖浦「生物と人類」講座『文学』十一巻、一九七七年、岩波書店）。

日本人は雑種交雑

すでに触れたように、日本民族は、異なる時期にあいついでこの列島にやってきたいろんなモンゴロイド系の混交によって形成されました。つまり、さまざまの地からやってきたいろんなモンゴロイド種の、数万年以上にわたる複雑な混血の結果として生まれたのが今日の日本民族であって、純粋かつ一系の日本民族なるものは、はじめから存在しないのです。

たとえば集団遺伝学の尾本恵市のすぐれた研究にみられるように、血液の遺伝標識からみても、日本人は決して均質なヒトの集団だとは言えないのです。アジア大陸の東端に位置するこの列島は、いろんなモンゴロイド系の雑種交雑《こうざつ》の坩堝《るつぼ》であったのです（尾本恵市「集団遺伝学からみた日本人」、埴原和郎編『日本人はどこからきたか』小学館、所収）。

モンゴロイドがアジア各地に広がったのは、二〜三万年前のウルム氷期の末期だろうと推定されています。その頃は海面が低下してアジア大陸は東南に広がり、大陸と現在のインドネシアの小スンダ列島までずっと陸続きになった。オーストラリアとニユーギニアも一つの大陸を形成していました。

その当時、すでに中国大陸を中心に分布していたのが古モンゴロイド系です。最もはやくアジアに入ってきたヒトビトです。その一部は、東南アジアから南太平洋まで進出し、すでに先住していたオーストラリア大陸の先住民と混血しながら、古《プロト》マレー系とよばれる集団を形成した。フィリピンや小スンダ列島に現住している先住民であるネグリトもこの一員であると言われています（尾本恵市「東アジアと太平洋の人種形成」『日本人の起源』小学館、所収）。

それではいかなるヒトたちが新モンゴロイドとよばれるようになったのか。埴原和郎は、北方シベリアまで進出して「寒冷に対する適応を遂げた人々」が新モンゴロイドで、古モンゴロイド系の人たちは「現在では主として南アジアに分布」していると言う。そして、今日の日本人は新旧両タイプが混在しているが、主力になっているのは新モンゴロイド系が多いと言う（埴原和郎「新しい日本人起源論」『日本人はどこからきたか』所収）。

日本人はモンゴロイドのいかなる系統に属するのか——これは一口では答えられない問題です。何万年も前に大陸から何波にも分かれてこの列島にやってきた。大陸の気象条件の変化につれて、さらに多くの人たちが温暖なこの列島にやってきた。モンゴロイド系といっても、その系譜の解明は一筋縄ではいかないのです。

最近の考古学や自然人類学、さらには古生物学的調査の進歩によって、この日本列島には、数万年前の頃からヒトが住んでいたのではないかと推定されるようになってきました。更新生の時期にアジア大陸から渡ってきた動物化石が各地から出土していきます。マンモス・ナウマン象・オオツノシカなどを追って大陸からやってきたのです。現代人の直接の祖先である新人がこの地球上に現われたのは数万年前とされていますが、彼らが日本列島でもその遺品がよく出土する旧石器時代を築いたのです。その旧石器時代には、すでにかなりのヒトがこの列島に住んでいました。一九八八年四月十三日付の各紙は、仙台市南部富沢遺跡から、約二万年前の石器類、獣骨、たき火跡、樹木が発掘されたと大きく報じていました。その当時の住環境の実態がよくわかる状態で出土したのです。

約二万二千年前、桜島を含む姶良《あいら》カルデラに列島史上最大級の巨大噴火が起こり、物凄い降灰は西日本の植物相・動物相に大きい影響を及ぼしました。その頃は、黒曜石、安山岩、硬質頁岩《けつがん》などで作ったハンマー、ナイフ、削器《スクレーパー》、尖頭《せんとう》器などを用いて狩りをやり、肉を食べ骨や皮を利用した。これらは後期旧石器時代に属しますが、その旧石器時代人の遺跡は列島各地からすでに三千ヶ所も発掘されています。やがて新しく開発された石刃《せきじん》技法で尖頭器が大量に作られるようになり、これをつけた槍で大型獣が乱獲されました。瀬戸内海は当時大草原であったが、その海底から今日までに数千頭分の骨が引き揚げられています。

この旧石器時代人が縄文人につらなり、その縄文人が今日の日本民族の原質を形成したヒトであるという見方が、今日の自然人類学者の間では最有力の見解です（たとえば埴原和郎編『日本人の起源』一九八四年、朝日選書。同編『日本人の起源―周辺民族との関係をめぐって―』一九八六年、小学館などを参照）。

おおよそ一万年前の氷期の終りの時代に入ると、気温が上がり海水面が上昇し始めました。陸橋は姿を消して海峡となり、この日本列島は再び大陸から切り離された。その頃が縄文時代の始まりの時期です。今からおよそ一万年も遡る太古の時代です。

縄文文化は約八千年も続きました。五期あるいは六期に区分されるように小進化は続いたが、大陸から離れていたので、縄文文化を根本的に変えるような大きい異文化流入はなかった。この間、道具として用いられた石器・骨角器類には根本的な変化はなかったし金属器もまだ現われていませんでした。

旧石器文化には、北方シベリア系と中国大陸系――この二系列の影響が色濃くみられます。その基盤のうえで縄文時代に入るのです。

土器をはじめとするさまざまの文化的指標によって、縄文文化を東日本と西日本の文化圏に大別するのがこれまでの通説でした。しかし、縄文人の食文化を研究する渡辺誠は、この二区分説に反対して、西南日本の照葉樹林帯、東北日本の落葉樹林帯、北海道東部の針葉樹林帯――この三区分説を唱えています。それぞれに異なる地域文化が育まれたのであって、北方文化の入口でありアイヌの先祖たちの活動舞台だった針葉樹林帯の独自性を認めることを特に主張するのですが、一考すべき見解だと考えます（渡辺誠『縄文時代の漁業』一九七三年、雄山閣。『縄文時代の植物食』一九七五年、同）。

縄文土器にしても、山内清男ら多くの考古学者の努力によって、約七十に様式が分類され編年もなされています。早期から東日本と西日本との様式の違いが目立ちますが、とくに晩期の東北の亀ケ岡土器と西の凸帯文系土器との違いは際立っています。自然環境や食文化の違いによって、生活相にもかなりの地域差が認められるのです。そういう時代差・地域差を内部に持ちながらも、縄文文化という一つの文化的様式が八千年もつづいた例は人類史でも数少ないのです。

この列島の最初の住民は、数万年以上も前にやってきた旧石器時代人であり、その末裔である縄文人こそ、われわれ日本人の直接の祖先であった。もちろん、その頃には、後にヤマト王朝を築いた自称・天孫族の姿はどこにもなかった。彼らがこの列島へ新たな侵入者《インベーダー》として闖入《ちんにゅう》してくるのは、縄文時代が終ってさらに数百年後のことでありります。

人類学者の間でもアイヌは長い間「滅びゆく謎の民族」とされ、シベリアから渡ってきたコーカサイド系、アボリジニと同じオーストライド系、あるいは縄文人の血をひくモンゴロイド系など、さまざまな論議が展開されてきました。

アイヌは本州の和人と異なる人種なのか、縄文時代人や弥生時代人はアイヌとどうかかわるのか、アイヌと蝦夷は同一なのか否か、アイヌ文化をこの列島史のなかでどう位置づけるのか——これらの課題は、日本民族形成史の一つの焦点になっていました。シーボルト父子をはじめとして、日本にやってきた外国人研究者の多くも、アイヌに——それとともに琉球人に——深い関心を抱きました。ここに日本民族生成史の重要なカギがあると考えていたのだが、それはまさに正しい洞察であったと言えましょう。

ひところは、金田一京助や児玉作左衛門にみられるように、この列島にやってくる過程で一部のモンゴロイドと混血したことは想定できるが、そのもともとの源流はコーカサイド系であろうという見解が主流になっていました。そして、古代・中世の東北の蝦夷はアイヌ系ではないとする説もあったのですが、一九六〇年代以降、埴原和郎や尾本恵市をはじめとする先進的な自然人類学者によってこれらの説がさまざまの観点から根本的に検討され直しました。そして今日では、アイヌは縄文時代からこの列島にいた古モンゴロイド系の末裔であり、もしそういう言葉が許されるとしたら「原日本人」とみなすべきだという見解がはっきり確立されるようになりました。

鳥居龍蔵の五源流説

さて、「隼人」と呼ばれた南方系海洋民は、縄文時代の初期の頃には、すでに南九州の地に入ってきていたと推定されています。彼らの民族的源流を遡れば、南太平洋の諸海域を原郷とするオーストロネシア（Austronesia）系の海洋民に辿り着くのではないか――そういう見解が、わが国の自然人類学者・文化人類学者の間での有力な学説として、はやくから台頭していました。

人類学者として、はじめて東アジア・東南アジアの諸民族を実地に踏査して、日本の人類学・民族学の先駆的開拓者となったのは鳥居龍蔵《りゅうぞう》（一八七〇～一九五三）です。彼の足跡は、北はシベリアからモンゴル、南は苗《ミヤオ》族の華南山地から、海の民ヤミ族の住む紅頭嶼にまで及んでいます。当時はまだいずれも未踏の地でしたが、船と牛車と徒歩で旅を続け、その地に住み込んで住民と親しく交わり、遺跡の考古学的調査、民俗・宗教・文化の観察、言語採取、身体計測などをほとんど独力でやり遂げたのです。民文献中心的なそれまでの大学の研究者と違って、全アジア的な視野で日本民族形成史を実地に踏査し構想した異色の学者でした。

「要するに日本人は単純なる民族ではなく、複雑せる数種族が島帝国を形成しているのである」と、『古代の日本民族』と題する論稿で鳥居は述べています。そして、彼の日本民族源流説を私なりに整理すると、次の五つに分けられるのではないかと考えます。

①この列島に最も早く渡来したのはアイヌであって、彼らが日本全土に縄文文化を遺した。現在列島の北部に偏在しているのは、「我々日本人の祖先の為め駆逐され」た結果である。彼らが北方大陸から来たのか、南方の島から来たのか諸説があるが、現在のところ人種学上も考古学上も確証がない。その古き故郷はアジアの西部であって、もとは原始的コーカサイドであったものが東に移動するにつれてモンゴロイドと接触し、これと交雑しながら今日に至ったのではないか。

②今日の日本民族の「主要部」を形成している〈固有日本人〉は、古代史でいうところの国津神《くにつかみ》系である。彼らは「朝鮮を経て北方民族が漸次渡来し」たものである。弥生式遺物は大陸の石器時代遺物と類似しているが、その多くは彼らが持ち来たり、また生産したものである。金属器時代に入ると後続の天津神《あまつかみ》系がやはり北方大陸から渡来するが、ヤマト王朝を打ち立てたのは彼らである。〈天孫降臨神話〉も彼らの広めたものである。彼らの風俗は「東北アジアの古風そのもの」であった。

③北方大陸からやってきた国津神系の固有日本人が、「日本人の主要部分を占めているものと認められるが、其の次に位するのはインドネジアンである。」彼らは、スマトラ、ボルネオ、セレベス、フィリピン、台湾に分布しているが、その源流は原始

的な馬来人《マレー》である。ただ日本に入ってきたインドネシア系は、単純にそのまま入ってきたのではなくて、途中でネグリートーと混化した広義の馬来族とみなされる。

④中国大陸南部からインドシナ半島にかけて広く散在していた苗族系も、やはりこの日本列島に早くからやってきている。彼らは「呉・越・楚」の民として知られているが、北方大陸の騎馬民族や中国北部の漢民族とは全く文化風俗を異にしている。わが国で発掘された銅鐸は彼らが持ち来たったものであり、そこに描かれている高床式などの民俗はすべて苗族系のものである。（苗族は中国南西部、ベトナム、タイなどに居住する南方系種族〔tribe〕であるが、民族的にも言語学的にもかなり広い範囲にわたる複合的種族集団とみられている。中国の史書では、南方に住むさまざまの種族の汎称としてしばしば苗族を用いているが、鳥居もそれを踏襲している。）

⑤朝鮮半島の諸民族も、半島周辺の激しい政治的変動とともに何波にも分かれて日本列島にやってきている。その中には、すでに半島に移住していた漢民族の一部や、北方から南下してきたツングース系も含まれているが、彼らの多くは大和の高市郡にみられるように日本文化の形成史上大なる役割を果たした（この項については、『有史以前の日本』一九二五年、磯部甲陽堂を参照）。

私なりに整理すると、鳥居はこのように日本民族の源流を五系列に分類し、「其の後時代を経るにしたがって、雑種は更に複雑な雑種となり今日の日本人を形成した」

と結論しています。当時はまだ十分な資料や情報が揃っていなかったので、かなり荒削りの推論になっているし、今日ではモンゴロイドであることがはっきりしているアイヌをコーカサイド系とみるなどの誤謬もあります。また、この列島の民俗文化の重要な一源流であった焼畑農耕文化についても触れていません。だが、鳥居が提示した五源流は、その後における日本民族形成史論の基本的視座をなすものとして今日でも高く評価されています。一九四七年に《騎馬民族国家》論を提唱してヤマト王朝の源流考に新地平を切り拓いた江上波夫も、日本の民族文化の源流を解明した最初の研究者として鳥居の先駆業績を高く評価しています（『東アジア的ないし世界的視野による日本文化・民族の起源論』江上波夫著作集7、平凡社）。

さて、インドネシア系の南方系海人について、鳥居は次のように指摘していた。「此の民族に属する日本人は、久しく九州地方を本拠としていたろうと思われるが、其の入り込み来った時代は固有日本人よりも後であって、人数が少なく、最初の住地は九州の一地方であったであろう。」さらに言う。「彼の古代史の隼人の如きは、頗《すこぶ》る此のインドネジアンの風習に似ている。」

まだ荒削りの理論構成で、五源流の相互の歴史的関連など、いろんな問題が残されていたにしても、鳥居学説はその後の日本民族形成史論の祖型となった。彼の『有史以前の日本』は、この種の本として珍らしくよく売れました。天孫降臨神話による

〈大和《やまと》民族一系論〉を根底から打ち崩すこの本が、意外によく読まれたのは、やはり大正デモクラシー時代の自由な風潮が作用していたのでしょう。

ヤマト王朝は征服王朝

最近の〈日本学《ジャパノロジー》〉ブームも作用しているのでしょうが、「日本列島はいつごろ生まれたか」「日本人はどこからやってきたか」「日本語はどのようにしてつくられたのか」——そういった主題の本が、続々と出されています。関連領域を扱った類書を含めれば、たぶんここ数年で数百点をこすでしょう。地球環境についての危機意識のひろがり、これまでの〈脱亜入欧〉型の西洋中心的進歩史観の行詰り、アジアの民の一員としての日本民族の起源についての根本的見直し、それに昭和天皇の死を契機とする天皇制論議の盛りあがり——そういった問題意識が相乗的に作用しているのでよく売れているのでしょう。

ところで、戦後になって、考古学や人類学は目をみはるような前進を遂げました。放射性炭素の減少で絶対年代を計数する炭素14年代法《カーボン・デーティング》、ウランの放射性同位体uの自発核分裂の飛跡の数で計るフィッショントラック法、標準年輪変動曲線を作成して樹木の年齢によって測定する年輪年代法——これらによって自然科学的年代決定法が大きく前進しました。血液型「GM遺伝子」を用いて分子生物学の立場から民族分布の流れを探ろうとする遺伝生化学、さらには民族誌データの体系的収集と比較研究によって考古学資料の解釈を進めようとする考古民族学《エスノ・アーケオロジー》の発展、比較言語学によって民族語生成の古層を探ろうとする試み——このような新しい方法を用いることによって、今までは闇の中に閉ざされていた先史時代についても、次々に新しい発見がなされています。

また、長いあいだ国家権力によって呪縛されタブーとされていた天皇制批判が、敗戦によって解禁されました。学問研究の自由が保障されたので、古代史をはじめとする歴史研究も大きく前進しました。

さて、戦後すぐの一九四八年から四九年にかけて、日本民族の形成史研究に大きい衝撃をあたえた二つの出来事がありました。その一つは、赤城山南麓の笠懸村岩宿《いわじゅく》における旧石器時代の遺跡の発見です。日本列島には旧石器時代は存在しないとされてきた学界の通説が破られたのです。それまでは新石器時代である縄文時代からこの列島に人が住み始めたとされていたのだが、民間の研究者であった相沢忠洋《ただひろ》によって関東ローム層から旧石器が発見されたのです。以後、これまでに三千ヶ所以上の旧石器遺跡が発掘され、日本の先史時代を書き変えられるようになったことはよく知られています。

そして、もう一つは江上波夫の発言でした。戦争中発言を封じられてきた研究者も、敗戦とともに堰《せき》を切ったように発言しだしました。もちろん、皇国史観の解体と新しい日本歴史像の構築が中心的な課題でした。そのなかで、江上波夫の《騎馬民族征服王朝》論が一九四八年に発表され、大きい波紋を投げかけました。

その学説は、かつての天孫降臨神話にもとづいた皇国史観を根底から破砕する衝撃力を潜めていただけではなく、津田左右吉に代表される戦前の古代史批判をもはるかにこえる雄大な構想力を秘めていました。歴史学、考古学、人類学、民族学、宗教学、神話学などの諸成果を批判的に綜合しながら、アジア史の一部として日本列島の歴史を捉え直そうとする画期的な試みであった。「閉ざされた列島的視野」から出ることがなかったこれまでの日本国家成立史を、根本から突き崩す壮大な歴史理論であったと言えましょう。

その学説は、一口で言えば、天照大神以来の皇統を受け継いでいる天孫、すなわち天津神の子孫と称した天皇家の民族的出自を明らかにするものでした。これら天孫族がこの日本列島に打ちたてた王朝、すなわちヤマト王朝の起源は、東北アジアの騎馬民族による三世紀からの日本列島の征服にあるとみるのです。江上は、〈日本民族の形成〉と〈日本国家の成立〉は、はっきり区別すべきだという。つまり、日本民族は弥生時代にはすでに成立していた。その民族的基盤の上に大陸系騎馬民族が進攻してきて、征服王朝による建国が行なわれた。それがヤマト王朝だと主張したのです。

北方からアルタイ語族の一つであるツングース系の騎馬民族がこの列島に入ってきたことは、すでに鳥居龍蔵、西村真次、喜田貞吉らによって戦前から主張されていました。そのこと自体は決して江上の独創的見解ではありません。

しかし、この列島に順次やってきた諸民族のタテおよびヨコのつながり、すなわち時間的、空間的な関連についてはあまりはっきりしていなかった。官憲の弾圧を恐れて、特に天皇家の起源論については、誰もが発言を控えたのです。喜田貞吉のように、天津神の降臨神話は天孫族の朝鮮半島からの進攻を反映している、と言い切るだけでも危険でした。大逆罪を覚悟しないと天皇家の始祖について突込んで論じられないのが天皇制ナショナリズム時代の全般的風潮でした。

この《騎馬民族征服王朝》説が発表されてから、すでに四十年が経過しています。学説の祖型は変わらないが、内外での新しい考古資料の発掘、民族学や古代史研究の飛躍的な進展によって、そのミッシング・リンク（体系のつながりの上で欠けていた環）も、しだいに埋められてきました。江上説は、今や日本民族の形成史とヤマト王朝の成立を体系的に明らかにする有力な学説とみなされています。というのは、現在までこの学説を正面から批判しきった体系的反論は出ていないのです。部分的反論はバラバラとなされましたが、それにかわるヤマト王朝形成史を東アジア史を踏まえながら体系的に提示した学説はまだ現われておりません。たぶん、それにとって替る新説は将来も現われないでしょう。

《騎馬民族国家》論

江上の《騎馬民族国家》論は、おおよそ次の三段階をへて発展したと言えましょう。第一期は六〇年代中期までです。発表直後は、予想されたように左右両翼から批判のカミツブテを浴びました。皇国史観の流れをひくナショナリストはいうまでもなく、硬直したマルクス主義派も批判の側に立ちました。古代史の実証的研究と大陸の騎馬民族の歴史をさらに精密に研究しながら、江上はしばらくその成り行きを静観していたのです。

その間の蓄積をひっさげて、第二期への嚆矢《こうし》として発表されたのが、『騎馬民族国家』（一九六七年、中公新書）でした。この書は持続的に売れて今日まで数十版を重ねています。さらにその後、新しい史料の発見や考古資料の発掘があいつぎ、さまざまな領域の研究者との相互批判が積み重ねられてきました（この期における江上の発表は、『騎馬民族説批判にこたえる』と題して著作集6に収録）。

その諸成果がさらに第三期として結実するのですが、それらは、『日本人とは何か』（一九八五年、著作集7、平凡社所収の諸論文）ならびに考古学者森浩一との討論『騎馬民族説』（一九八二年、徳間書店）にまとめられています。

ここでは今日的到達点である第三期について、大雑把《おおざっぱ》にその骨格を私なりにまとめておきます。

①騎馬民族南下——弥生時代末期の三世紀頃、東北アジア騎馬民族が北方から南下してきて、中国ではモンゴル系の鮮卑が北魏を建国し、朝鮮ではツングース系の夫余《ふよ》族が高句麗を建てた。この勢力はさらに南下して、馬韓（のちの百済）、辰韓（のちの新羅）、弁韓（のちの任那《みまな》、加羅《から》）などの韓人《からびと》の小国家をその下におくようになり、半島南部に辰《しん》王朝という征服国家を建てるに至った。

②朝鮮半島南部から九州への侵攻——三世紀から四世紀はじめにかけて、朝鮮半島から九州へ侵入してきたのが、任那の辰《しん》王朝から出た第十代崇神天皇が指揮する勢力である。そして、任那・対馬・壱岐・筑紫を連合した「韓倭連合王国」を建てる。これが第一段階の建国であるが、天孫降臨神話にはこの段階の史実が投影されている。

③騎馬民族による農耕民支配方式——当時の九州は、中国の江南・華南からやってきて、すでに先住していた倭人による水稲農村を中心とした小国家群が散在していた。そこへ騎馬民族が強力な武器と馬をもって侵攻してきたのである。彼らは朝鮮半島南部を支配している間に、すでに農耕民の習俗をとり入れていた。地縁にこだわらず土着文化に自ら同化して、利用できるものはなんでも利用するという騎馬民族特有の間接統治方式を採用したのである。婦女子を帯同していないので、侵攻地で女子を娶《めと》っ

てその勢力を飛躍的に拡大していくのも、騎馬民族特有のやり方であった。

④畿内への進出と大和王朝の樹立——およそ百年間、九州にとどまり倭人を支配下におくことに成功したこの勢力は、五世紀前半に瀬戸内海を通って東進を開始した。そして、畿内を中心に先住していた諸部族を征服して、五世紀の後半の中頃までに大和王朝を打ちたてた。この第二次建国を物語るのが「神武天皇東征伝」である。その統率者が、九州生まれとされる第十五代応神天皇であったと思われる。

⑤古墳文化の突然的な変化——このような騎馬民族の侵攻は考古学的にも実証できる。この列島の古墳文化は、弥生時代にひき続く四世紀代の前期古墳と、五世紀以降の後期古墳とでは、突発的、急変的な変化を示している。すなわち、前期古墳からは鏡・玉などの呪術的・農耕儀礼的性格の副葬品が出土するが、後期古墳からは、馬具、武具、甲冑《かっちゅう》などの軍事的・騎馬民族的性格のものが出土している。つまり、弥生時代の農耕民主体の地方的権力から、騎馬民族を出自とする新勢力による国家的権力へと、支配者の突発的な交替が考えられるのである。

万世一系の王制と大嘗祭

さて、騎馬民族は朝鮮半島からこの列島へ侵入してきたのだが、その根拠地は加羅(任那)であったと指摘されています。ここのところが江上理論の一つの眼目です。

東北アジアの夫余系の騎馬民族国家であった辰王朝が、ここを拠点として「日本列島への征服活動」を始めた。このことは出土遺物からも明らかであって、加羅から出土する騎馬民族的文化の系統は、一方では中国の東北地方から内モンゴリアまで連なり、他方では日本の古墳時代後期の騎馬民族に連なる。——このように江上説は展開されますが、朝鮮半島南部と北九州での一九七〇年代以降の考古資料のあいつぐ発掘によって、江上理論でミッシング・リンクとされていたところがしだいに埋められてきました。

福岡市の老司・同県甘木市池の上古墳からの出土品にみられるように、かつての筑紫と加羅との文化的連続性もはっきり立証されるようになりました。石蓋墓の構造、副葬品の性格、いわゆる伽耶《かや》式土器などで相互に一致点が認められるに至りました。そして、これらが年代的にほぼ並行して、加羅から筑紫へもたらされたものであることがはっきりしてきたのです。

かつての皇国史観では、任那はヤマト政権による朝鮮半島経営の拠点とされ、私たちも戦時中は学校でそのように教えられました。だが、それは逆で、任那は騎馬民族の勢力がこの列島へ進攻する根拠地であったというのが江上説です。

そして、第三段階の江上説のもう一つの強調点は、天皇家と百済王家との関係の問題です。「夫余隆の墓誌名」などの資料によって、〈夫余——辰王朝——日本天皇家〉

〈夫余——辰王朝——百済王家〉の親密な並列的関係を明らかにして次のように述べていますが、ここのところは大変説得的であります。ここのところが、第二から第三段階への江上理論の発展の目玉になっていると言えます。

「（夫余系騎馬民族の辰王家が）、二つの王国に分かれて、一方はもとの馬韓が百済の夫余王家となったのに対し、他方は加羅（任那）に遷《うつ》って日本列島の征服に乗り出し……大和に入って土着の豪族と合作して大和王朝を創始したが、その後も倭国と百済が密接な関係をもっており、とくに百済が倭国を頼りにしており、倭国は百済を終始援《たす》ける立場にあったことも、同じ王朝の分岐したものとしてはじめて理解できることである。」（著作集6『騎馬民族国家』あとがき）

今日の天皇制論議と考えあわせて、私などが特に深い関心を抱くのは、騎馬民族の王朝と日本の天皇制との類似です。女帝の時代もあったのですが、皇位継承は、天皇は天孫の血統にかぎるという大原則があった。これは騎馬民族国家の皇位継承法と全く同じだというのが江上説です。

「大陸の騎馬民族国家では、王朝はほとんどすべて一系であり、国家の存続と王朝の存続とが終始しており、中国におけるような禅譲放伐《ぜんじようほうばつ》による王朝の交替はないということである。日本皇室のいわゆる万世一系は、まさに大陸騎馬民族国家のそれであって、中国・エジプトなどの農耕民国家には、このような王朝のあり

方はたえて見ない。」（『騎馬民族国家』第二章「日本における征服王朝」傍点は原文）

すなわち、「北方ユーラシア騎馬民族の神観に根ざした、神にして人、人にして神という天子の観念」——こういう現人神《あらひとがみ》の思想にもとづく万世一系の皇位継承制が、そのまま日本の天皇制のなかに入ってきているというのです。

ヤマト朝廷の儀礼は、遊牧騎馬民族特有のシャーマニズム的神観にもとづくものが少なくありません。新帝の即位後はじめて行なわれる新嘗祭が大嘗祭なんですが、これがもっとも重要な皇位継承儀礼であります。新憲法下では宮中儀礼はすべて天皇家の私事であるべきですが、今年予定されている大嘗祭は全国民が参加する国事行為とせよという声が一部にみられます。

大嘗祭では、床に八重畳を敷き神を衾《ふすま》で覆って臥《ふ》させ、天皇も衾をかぶって臥し、一時間ほど絶対安静のモノイミに入ると言われています。その間に神霊が天皇の身に入り、そこではじめて天皇は霊威あるものとなるとされています。つまり、新天皇が、皇祖からの天皇霊を身に付着することによって、《俗》から《聖》への転換をとげる儀式であります。神霊の付着によって神格を身に帯びるという儀礼は、まさにアニミズムに発した思想であります。この天皇がかぶる衾は、古代神話にみえる「真床覆衾《まとこおうふすま》」から出たものと考えられますが、この衾こそ、人間から神霊へ転化するための聖なる呪物であったわけです。

このような儀礼は、加羅国の建国伝説にも見えています。東北アジアの騎馬民族国家の即位儀礼で用いられる氈（フェルト）は、まさに衾に相当するものでした。そして、この氈は、シャーマニズムの成巫《せいふ》式でずっと用いられてきた聖具でした。江上は、護雅夫の『遊牧騎馬民族国家』（一九六七年、講談社）を援用しながらこのように分析して次のように結論します。

「日本の天皇が人にして神、神にして人たる霊異《れいい》な存在であるということも、その霊異な存在になるための儀礼も、大陸の騎馬民族国家の君主のばあいとまったく同様なことを知るのである。」（『騎馬民族国家』二四八頁）

天皇のカリスマ性について

昭和から平成へと元号が変わり、このところ天皇制問題が、歴史学、宗教学のみならず、文化人類学や歴史民俗学などさまざまの角度からさかんに論じられています。「天皇とは何であったのか」という問題を論じる場合、どうしてもヤマト王朝の形成史まで遡らなければならない。万世一系を自称する天皇制は、どういう歴史的過程を経て形成され、なにゆえに今日まで持続されてきたのか。また、それに対応して、日本人はヤマト民族として単一であり、血の純粋性と一系性を誇る世界史でも稀な民族であるといった考え方が流布されてきました。戦前の国定教科書では、この史観が国家によって採用され、国民教育の柱に据えられていたのです。このような日本民族の一系性神話にからめ取られている人達が天皇に尊敬の念を抱き、天皇こそわが民族の祖神の後裔であるといった観念を持っていたのですが、これも明治維新以降の国家権力のイデオロギー教育の残滓であります。

最後に一言、天皇のカリスマ性について述べておきます。今、問題になっている大嘗祭とは、この天皇のカリスマ性と深くかかわっているのです。私見によれば、天皇のカリスマ性を、国家祭祀のみならず社会秩序として体系的に構築した天皇は、天武天皇であった。夫婦一体としての天武・持統朝といったほうが正確かもしれません。天武・持統によって、それ以後およそ千三百年にわたる天皇制の体制的な基盤が築かれたといっても過言ではない。

辺地の山民系や海民系を動かして、武力革命で政権を奪った天武は、覇者であることを意識してか、神武以来の皇統を強調して伊勢神宮を中心に神祇体制を整備し、即位礼として大嘗祭を創出した。また天孫降臨神話にもとづく皇統譜の作成のために、古事記の序にみられる『帝紀』『旧辞』の削偽定実などの修史事業をはじめ、『記』『紀』の編纂を命じた。王権の神聖観を国土全体に定着させるために、道教的な天命思想や鎮護国家宗教として密教系仏教をも大々的に活用した。そして、大王を改めてついに《天皇》を称するようになったのです。

このように天武朝において、天皇のカリスマ性を制度的に築き上げていったのです。そのカリスマ性の物象化されたものが〈三種の神器〉であり、儀礼化されたものが〈大嘗祭〉です。そして、この両者とも騎馬民族的な特徴を残していることを忘れてはなりません。

もう一つ強調しておかねばならないのは、天皇王権に最後まで果敢に抵抗した蝦夷や隼人など、この列島の先住民に対する徹底的な抑圧政策です。『紀』にみられるように彼らを、「王化《みおもぶけ》に染《したが》はぬ」者と呼び、抵抗する者には徹底的な殲滅作戦をとった。神武天皇以来の単一日本民族論という歴史の偽造は、このような抑圧と差別の過程で作為されたのです。そして、縄文文化の系譜をひく彼ら先住民族の誇り高い固有の文化をついに潰滅に追い込んでいったのです。

本稿は、一九八九年九月一〇日、「社会主義理論政策センター」（於大阪）における講演に加筆したものである。

（講演記録　89・9・10）

瀬戸内海の海賊衆——天皇の国家と海人

はじめに

ここ十数年、私はインドネシアの辺境の島々を足繁く訪れている。かれこれ二十回にはなるだろう。一九八九年夏も七月にインド洋上の孤島ニアス、九月にニューギニアに近い小スンダ列島のスンバ島を訪れた。いずれもインドネシアでは最も未開の地であり、文明の光がいまなお及んでいないとみられている辺境の島々である。

インドネシアは、東西五千百キロメートル、南北千九百キロメートルの広大な海域に散在する大小一万三千七百の島々から成り立つ。まさに世界最大の島嶼《とうしょ》国家である。住民は二百五十~三百五十と推定される民族集団（ethnic group）に分かれ、その自然・風土・歴史によって、互いに言語・社会構造・生活様式を異にしている。

私がいつも訪れるのは、この大島嶼国家の周辺に位置する島々である。ジャワ島のように、かなり早くから開かれた島にはあまり興味がない。インドネシアの政治的経済的な中心であるジャワ島から遠く離れた辺境の島々、そこに住んでいる古《プロト》マレー系と目されている先住民族——彼らの歴史、宗教、民俗、文化を実際にこの目でたしかめるための旅である。

これまでに、ボルネオ島のダヤク族、スマトラ島のバタック族、スラウェシ島の山の民トラジャ族、同じ島の海の民ブギス族、それに小スンダ列島のロンボク、スンバワ、フローレス、チモールなどの島々、そこに数千年の昔から先住している諸民族の地を訪れた。一度ではよくわからないので、二度、三度訪れた土地も少なくない。スマトラ島へは四回も訪れたし、今夏のニアス島も二回目であった。

南太平洋の島々まで、なぜそんなに足繁く通うのかとよく訊ねられる。その理由は二つある。一つは、この日本列島の民族構成の重要な一潮流である南方系海洋民の、民族的源流をこの目で見究めるためである。もう一つは、「沖」と「浦」という姓からもすぐ察しがつくように私の家系は海民《あま》であるが、日本の海民の歴史を遡りながら、わが祖先のルーツを探るためである。

ヤマト王朝と海賊

私の家系は瀬戸内の海民で、祖父の代までずっと船に乗っていた。豊臣秀吉の〈海賊停止令〉によって、十六世紀末に殲滅解体された村上水軍の末裔である。

村上水軍といっても、一筋縄では捉えられない。タテの系列もヨコのつながりも、なかなか複雑である。私なりに調べたところでは、沖浦と称する海民の家系は、能島《のしま》、来島《くるしま》、因島《いんのしま》のいわゆる村上三島《さんとう》水軍のうちの、因島水軍の傘下にあった水夫《かこ》であったとおもわれる。

やはり海の民の血が今も流れているのだろうか、あちこち旅していても、潮騒がきこえ海の香が漂ってくると、なんとなく血が騒ぐ。港町や漁村に出くわすと、かならず港に立ち寄って船を見る。

村上水軍と言えば、いかにも恰好《かっこう》がよいが、一皮剝けば芸予《げいよ》諸島を中心に瀬戸内の島々を根拠地にしていた一大海賊集団である。その源流を遡れば、おそらく有史以前の漂海民まで辿り着くであろう。歴史資料には、古代末期から瀬戸内の海賊が出てくるが、戦国時代末期の永禄から天正年間にかけてがその最盛期であった。

古代の越智《おち》水軍から始まって、中世の河野水軍、さらに村上水軍へと瀬戸内の海賊の系譜は途絶えることなく連なる。十六世紀後半の村上水軍の全盛期には、三島水軍あわせて数万の海民を組織していたとみられている。

もちろん、水軍に参加していたヒラの海民に関する記録は全く残されていないから、たしかなことはわからない。水軍の一味と言っても、その大半は、少数の海の武将の指揮下にあった船頭であり舵取りであり水夫《かこ》（水手）であった。つまり、水軍の下部大衆は、日頃はただの海人《あま》であり漁師であった。

瀬戸内海の海底からナウマン象の化石骨がしばしば引きあげられるが、日本列島は一万年前の頃までは大陸と陸続きであり、瀬戸内海も大草原地帯であった。気候の温暖化とともに海水がどんどん入ってきて、現在の瀬戸内海が出来上がったのは今からおよそ八千年前である。内海の真ん中に位置する芸予諸島でも、旧石器時代や縄文時代早期の石器が発見されている。水没もあってそれらはわずかしか発見されていないが、縄文後期から弥生時代にかけては各島々でいろんな遺物が出土している。

つまり、数千年前から海民たちが島々に寄り着いて生活し始めたのである。最初の間は、水と燃料の補給がおもな目的であったが、川口の沖積地などの適地を見つけると、弥生時代に入る頃からしだいに定住してささやかな農耕も始めるようになった。しかし、耕地はほとんどなかったので、生活の主要舞台はやはり海であった。

島々に寄り着いてごく小さな農漁村を営んでいた海民たちは、常日頃は、漁労や船仕事や製塩や山働きで生活していた。しかし、ほとんど田畠がなく水利にも恵まれていなかったので、たえず飢餓に襲われていた。一度飢饉がやってくると悲惨であった。人口が増えてくると、海産物だけではとうてい生きていけなかった。背に腹はかえられず、通りかかる船に救いを求めた。拒否されるとやむをえず海賊に変身した。

瀬戸内に出没した海賊といえば、十世紀の「承平天慶の乱」を引き起こした藤原純《すみ》友《とも》が有名である。大宰少弐良範《だざいのしように》の子といわれ、伊予掾《いよのじよう》として海賊追捕の役についたこともあったが、彼の出自《しゆつじ》にはまだ謎の部分がある。東国で蜂起した平将門とほとんど同時期に、ヤマト王朝に対して真正面から叛旗を翻した。豊後水道をのぞむ伊予の辺境・日振《ひぶり》島に集結した千五百艘がその主力であった。

東は京から西は太宰府まで、瀬戸内を縦横に航走して各地の朝廷勢力を果敢に攻撃した。九四一年の二月には海路から京都突入の報が伝えられた。五月には太宰府を攻撃して敗れ、六月本拠地日振島に逃げ帰ったところを橘遠保に討たれ敗死した。

日振島をはじめとして、純友水軍のゆかりの地を尋ね歩いて、私なりにいろいろ考えてみたが、これら海賊の蜂起は、ヤマト王朝に対する不満分子の叛乱にとどまらないものがあったのではないか。純友個人の怨念や不満にもとづく叛乱では、とうていあれほどの大水軍を結集して前後五年間も〈天皇の国家〉と闘うことはできなかったのではないか。

古代の歴史資料で海賊の記事が多出するようになるのは、九世紀に入ってからである。もちろん、それまで海賊がいなかったわけではない。すでにみたように、縄文時代から島々に海民が寄り着いて生活していたことははっきりしている。おそらくそれに類した行動は、以前からしばしばあったに違いない。海民の行動が海賊として記録されるようになったのは、朝廷の側が、彼らを国家の秩序を乱す〈賊〉としてはっきり捉えるようになったからである。

彼らを〈海の賊〉と呼んだのは、あくまで陸の支配者・ヤマト王朝であって、海人たちにはもともと賊であるという意識はなかった。彼らは海に生まれ、海で生活した。永遠の眠りにつく墓場もまた海であった。

たしかに「板子一枚、下は地獄」であった。しかし、海はまた、太古の時代から彼らの自由往来の場であり、生きていく糧を与えてくれる天与《てんよ》の大自然であった。はるかなる外洋の大海原に連なる海は、そこから彼らの祖先がやってきた原郷であり、彼らの守護神である《海神》の住みたまう神聖な境域であった。

山賊と海賊は、ヤマト王朝にとっては、国家の支配秩序に反逆する大罪であった。中世に入っても、「御成敗式目」の「大犯《だいぼん》三箇条」の付則条項にあるように、夜討・強盗・山賊・海賊が公権力が禁じた最も重い犯罪であった。

だが、山の民にせよ海の民にせよ、彼らの側にはもともと天下の法を犯しているという罪悪感はなかった。陸の王者が統《す》べる俗権力の論理とは異なる観念と慣習法が、山民や海民の側にあったのだ。

一口で言えば、海という俗界とは異なる領域に入り込んだ者は、海の神に対する貢《みつぎ》物をおいていかねばならぬという掟である。すなわち、海神への捧げ物として通行税を支払うべきだという理屈でもって、その積荷の一部をいただいたのだ。海からの漂流物や難破船から流れ出た積荷も、《海神》からの贈り物として、その浜に住む海民が取得することが認められていたのである。

その根底には、陸の覇王の土地所有観と、海に生きる海民の共同領有観――そのような所有観念の根本的な相違という問題が伏在していた。

律令制においては、陸地はいうまでもなく、海域もすべてヤマト王朝の権力のもとにあるとみなされた。このように陸の覇者が海の公有を法的に布告したとしても、海民にとっては、それは一方的で勝手な言分《いいぶん》であった。

天皇が公権力として〈大地・大海原〉をその支配下におくと宣言しても、古代の海民たちには、そもそも国家という観念がもともとなかったのである。まして天皇が現《あら》人神《ひとがみ》として国家の首長であるという認識はなかった。

あちこちの沿岸や島々、それに船をねぐらとする海の民にとっては、朝廷のそのような宣告は、自分たちの与《あずか》り知らぬ話であった。大地は軍隊によって強権的に支配下におくことができても、無限に広がる大海原に連なる海は、そうはいかなかった。よほど強力な水軍を自前で持たぬ限り、いかに権威を誇示する〈天皇の国家〉といえども、海民の自由を束縛することは不可能であった。

瀬戸内の〈平家落人〉伝説

瀬戸内海の各地に、屋島の合戦で敗れた平家の落人《おちうど》が隠れ住んだという《平家伝説》が残っている。このような平家落人伝説は、南の薩南半島から、北の岩手・山形まで、広い地域に流布している。これまでに二百ヶ所ほどの平家隠れ里が報告されているが、その多くは九州と四国にある。四国では、平家が落ちて行った屋島に近いこともあって、西部よりも東部に落人の里が多い。

これらの隠れ里では、そこに伝わる落人伝説の正当性の証《あかし》として、平家伝来の系図・旗・弓・刀剣・甲冑《かっちゅう》などが大切に保管されている。四国では、剣山の西斜面の重畳起伏に富んだ秘境の地・祖谷《いや》が落人の里としてよく知られている。東祖谷山《いややま》村の阿佐家は平国盛の子孫と称し、平家ゆかりの赤旗や衣服などが伝わっている。剣山という名前の由来にしても、壇ノ浦の戦に敗れた平家の落武者が、祖谷に逃れるさいにこの山に安徳天皇の剣を隠したからだとこの地では言い伝えられている。

もちろん、そのような落人伝説が、平野部にあるごく普通の農村に伝わっていることはない。落人の里は、峠をいくつも越えた山懐《やまふところ》や、たやすく行くことのできぬ山深い谷間にある。しかもそういう落人の里は、いわゆる常民とは出自の異なる人たちが住んできた隠れ里であるとみなされてきたのである。はたして彼らは、本当に平家の落人なのか——そういう伝承そのものが、平野に住む農民から見れば半信半疑であった。

落人の里とされた人里離れた集落では、猟師・木地《きじ》師・踏鞴《たたら》師といった生業《なりわい》で生活してきた所が多い。平野部に住む農民から見れば、仕事の筋も氏素姓《うじすじよう》も、自分たちとは違う《異人《ことひと》》の集落であった。

そのような集落は、たいてい隠田《かくしだ》を持っていた。隠田とは、年貢のかからぬ小さな田畠である。痩せた猫の額《ひたい》ほどの土地なので、それで暮らせるわけはなかったが、ともかく先祖の時代から苦心して拓いた土地だった。これらの山深い里に滅多に足を踏み入れぬ役人たちも、その貧しい生活を哀れに思って目こぼしした。見て見ぬふりをして、年貢をかけなかったのだ。人里離れた僻村で、小さな隠田を持って山暮らしの貧しい生活をしている――そういう常人とかけ離れた環境に生きていると、どうしてもさげすみの目で見られるようになる。そういう異人視と蔑視が、そのまま差別の目につながる場合も少なくなかった。事実、これらの隠れ里のいくつかは、今日では被差別部落となっている。

これらの隠れ里は、日常的な交際や通婚においても、孤絶を強いられていった。そのようなさげすみやあなどりの目を見返して、自分たちの由緒や出自を立派に見せるために、平家にまつわる伝説が語り出された場合も少なくなかったとおもわれる。

平家落人伝説は、その多くが《貴種流離譚》として語り継がれてきた。貴種は貴《とうと》い血筋に生まれた人をさすが、この場合はもちろん平家の公達《きんだち》である。高貴の身分が故あって放浪の身となり、なんらかの因縁でその地に隠れ住んだという説話を流離譚という。もちろん、その多くは想像ででっち上げられた絵空事《えそらごと》であり作り話である。なかには、本当に平家の落人が隠れ住んだ里もあったかもしれぬ。いずれにせよ、平家滅亡は八百年も昔の話なので、今ではすべて茫洋《ぼうよう》たる歴史の暗い底に沈んでしまっていて、それらの伝説の真偽を確かめる術はない。

各地の古い由緒のある被差別部落にも、この種の貴種流離譚が今でも語り継がれている。四国で有名なのは、太平洋に面した土佐の赤岡の部落に伝わる美宜子《みきこ》姫伝説であろう。この女人は時の帝の姫として生まれたが、いかなる宿世のわざかハンセン病になって、「うつぼ船」に乗せて海に流された。あちこちの浜に漂着したが、そのたびにむごいののしりの言葉とともに再び海に突き放された。

その姫を最後に救い上げたのが赤岡部落の漁師たちであった。「浦人の手厚い看護《みとり》の中で、いまわの時をむかえた女人はみずから美宜子姫と名乗り、浦人の真情にむくいるため、今より後、この浦にわが悲しみをなめさすことをすまいと誓われた。浦人らは、姫を乗せてきたうつぼ船を焼き、姫のむくろと共にその灰をうずめ、松ヶ瀬の砂丘に神と祀った。」（『赤岡町史』高知県赤岡町、町史編纂委員会）

私もこれまでに赤岡を三回訪れた。垣間《かいま》見たところでは普通の漁村部落に見えるが、ここには中世からの伝統芸能の痕跡《こんせき》が色濃く残っている。「たいこ屋敷」「いちの巫《み》女《こ》」「傀儡《くぐつ》」「簓《ささら》」といった小字《こあざ》がある。いずれも中世の賤民芸能にかかわる名称である。太鼓や簓を用いた遊芸人、傀儡子（人形舞わし）、アルキ巫女などが住んでいたのであろう。

この赤岡部落には、代々芦田主馬《しゆめ》太夫と名乗った博士頭《はかせがしら》がいた。博士とは、陰陽師《おんみようじ》博士のことである。土佐一円の陰陽師をはじめ、村々に住む遊芸民を統率していたのである。彼は「さんしょう太夫」とも呼ばれていたが、これは明らかに散所太夫である。地頭中原秋家が関東からこの地に移ってきた時、武具製造の職人、陰陽師、芸能民を引き連れてきて、河口の三角州に住まわせた。そこが散所と呼ばれたのだが、近世以来の部落もそのままその地にある。江戸時代に入って、この部落から多くの遊行芸能者が出た。中世の説経節の系譜を引く祭文《さいもん》や口説《くどき》で、『しんとく丸』『苅萱石童丸《かるかやいしどうまる》』『小栗判官《おぐりはんがん》』などを語り歩いた。彼らの足跡は四国一円に及んでいる。

赤岡の部落の真ん中に、美宜子姫を祀る小さな美宜子神社がある。江戸時代に移築された社殿に一七六八（明和五）年の棟札《むねふだ》が残っているから、江戸時代の初期にはすでに美宜子姫伝説はこの地で語り伝えられていたのであろう。この美宜子明神は、心願をかけるならば不治の病もなおると信じられ、地元だけではなく、他国からの満願奉納の大燈籠も見られたのであった。そういう信仰を広めたのは、この赤岡部落を本拠にして、土佐からさらに四国一円を回った遊芸人であった。

『平家物語』が全国各地に広まったのも、遊芸人たちが語り歩いたからである。よく知られているように、琵琶を抱えた盲僧たちがおもに『平家』を語り広めたのである。それが、人里離れた山間の僻村にもしだいに伝わっていったのだ。

涙ながらに語られる哀れな落人の物語は、この俗世間から隔てられている辺境に住む民衆の涙をさそった。特にこの世に受けいれられない底辺の民衆の紅涙《こうるい》をしぼった。人も通わぬわびしい孤村に住む先祖たちが、『平家』で語られる流浪の落武者の身に自分たちの命運を重ねあわせて、身の不運を嘆いたのであろう。そしていつしか、自分たちの祖先も落人であったという口伝《くでん》を、想像の世界で創り出していったのであろう。そのようにして語り伝えられた話が、時とともに「夢か現か幻か」、しだいにわからなくなっていったのであろう。

家船漁民と『浮鯛抄』

ところで、瀬戸内海一帯に〈家船《えぶね》〉と呼ばれる漂泊漁民がいた。文字通り船を家にして、あちこちの海を放浪して漁に生きる海人である。近世末期からしだいに陸に安住するようになったが、彼らが住み着いた漁村は、西は九州の豊後から東は四国の讃岐まで百ヶ村をこえる。

広島県教育委員会が、一九七〇年に『家船民俗資料緊急調査報告書』を作成したが、その頃が〈家船〉漁業の終焉期であった。しかし、今ではたった一つ、芸予諸島の豊島に残っているだけである。

私も〈家船〉漁民についてかなり詳しく言及したことがあるので、ここではこれ以上は立ち入らない（『日本の聖と賤』近世篇、人文書院）。きっちりした歴史資料が残されていないのではっきりしたことはわからないが、古代以来の漁民の古態をうけついだ生粋の海人の系譜をひく漁師たちであるとおもわれる。

船で生まれ、船で生活し、船で死んでいく生粋の海人であるにもかかわらず、彼らには漁業権がなく、一本釣りなどの零細な漁業で生きてきた。江戸時代から賤民視され、漁村に定住し漁業権を持っている一般漁民とは別格に扱われていた。

私は、彼らはもともとは村上水軍の傘下にあった海賊衆であり、最後まで豊臣政権に抵抗したので、遂に漁業権を奪われた人たちの末裔であろうと推測している。秀吉の朝鮮侵略のさいに、多くの船頭・水夫が強制的に徴用されたが、そのさい協力した漁民にはあとで漁業権が与えられた。〈家船〉漁民が漁業権を認められていないということは、彼らが朝鮮出兵を拒否したからであろうか。

江戸時代後期から、彼らは陸に定住し始めた。その住居は被差別部落に隣接した地区が多く、村の祭礼などでも部落民と同じく排除されていた場合が多かった。

ところで、家船漁民の間でも、平家の落人伝説がみられる。彼らは、『浮鯛抄《うきたいしょう》』という古い巻物を大事にしてきた。漁業権を持たぬ家船漁民が、この巻物の写しを見せると、どこの浦浜でも大目に見られて漁ができたという曰く付きの巻物である。『浮鯛抄』は『日本書紀』の仲哀天皇二年の条に出てくる神功《じんぐう》皇后伝説から書き始められている。彼らの本拠地であった安芸の能地沖は、昔から浮鯛で有名だった。初夏の大潮の日に、鯛が群れをなして海面に浮かび上がる。あまりの急潮に、鰾《うきぶくろ》の調節ができないので浮かび上がってくるのだ。たまたまこの沖を通りかかった皇后が、船に寄ってきた鯛に酒を注がれると、鯛はみな酒に酔って浮かび上がってきた。漁師たちは喜んで鯛を掬《すく》って、きれいな食器《はんぼう》にいれて皇后に献上した。それを賞《め》でられた皇后は、これからはこの能地浜の漁師は諸国のいずれの浦浜で漁をしてもよいと仰せられた。おほめによって特別の勅許《ちょっきょ》を賜わったのだ。そして、「さてもこのあたりは能《よ》き地かな」と仰せられたのである。それ以後、この浦を能地《のうち》と呼ぶようになったと言うのである。

このような伝説は、どう見ても荒唐無稽の作り話《フィクション》である。しかも古文献に出てくる浮鯛の話を絡ませて、なかなか上手に創作されている。神功皇后から諸国の浦浜での漁業権を認められたというくだりなどは、念の入った苦心の創作である。この『浮鯛抄』には数種の異本があって、どれが原本なのかよくわからぬ。いずれも大同小異であるが、その文体からみて江戸時代後半の文化文政時代あたりに作られたと考えられる。

この『浮鯛抄』は、各地の被差別部落に伝わるいわゆる河原巻物と、物語の組立ては同じ構造だ。河原巻物では「人王何代何々天皇之御代」と書き起こす場合があるが、この『浮鯛抄』ではやはり実在しない伝説上の人物である神功皇后から説き起こしている。

河原巻物では、記紀神話系か天竺伝来の説話系からとられた故事が冒頭におかれる場合が多いが、たいてい漢文体に似せた地方《じかた》文書風の文書になっている。神道系と仏教系の説話伝説が混交している点から考えても、被差別部落とかかわりの多かった修験道の行者が作成したとも考えられる。

河原巻物では、その部落の歴史的な由緒を述べながら、自分たちに特別与えられた特権の由来を物語る。その筋書きは、この『浮鯛抄』と全く同じである。その多くは神話や仏教の縁起譚《えんぎたん》から始まる壮大な仮構《かこう》の物語であるが、その中にその在所に古くから伝わる伝承や説話がたくみに取り入れられている。その点でも全く同じである。

さて、この『浮鯛抄』の後半に平家落人伝説が出てくる。屋島から落ちてきた「平家の若女房」が「あやし男」の船に乗って、この能地に逃れてきて年老いた漁師に救われる。あやしとは身分の卑しいことで、ここでは海人をさしている。この女房は、救ってくれた漁師の子といつしか結ばれて能地に住み着いた。彼女は「賤《いや》しの業《わざ》」にも慣れて、魚をはんぼうに入れて売り歩くようになった。高貴の出なので、物売りをしながら「人を敬うこと薄し」とこの巻物は語るのだが、実際に家船の女房たちの売り方はたいへんブッキラボウであった。

この能地港から善行寺を通って筆影山の裏山の方へ二キロメートルほど登ると、沖浦という小字《こあざ》がある。通称畠山と呼ばれる山中の孤村である。そこにも平家伝説が残っていた。たまたま『三原市史』の「民俗篇」を読んでいてその小さな集落を見つけたので、何年か前にそこを訪れたことがあった。かつては十数軒あったのだが、今では年寄りの住む数軒だけになっていた。

ほとんどが廃屋になってしまって人気《ひとけ》のない村中を歩いていると、やっと畠で働いている老婆に出会った。「ここじゃなんじゃから」と、親切に庭先の広縁まで案内していただいた。お茶をよばれながら、この里の由緒や生活についていろいろたずねた。平家滅亡のさいに、先祖たちが須波浦まで逃れた。さらに追手が迫ってきたので、谷沿いにこの山中に隠れ住むようになった。ここらあたりは標高三百メートルをこえる高原地帯で、水を汲むのに谷底まで往復一時間はかかった。

隠れ里としては、まさに恰好の山中であった。幸い地味は良かったので、気温差を利用して細々と農作をやってきた。この沖浦の里は、みなさんが「弓取」という姓である。先祖から伝えられた弓があって、毎年持ち回りで弓祈禱の神事をやってきた。

しかし、こんなに寂れてしまうと、もう弓引きの神事をやることも覚束なくなってきた。そう語りながら、老婆はいかにも淋しそうだった。奥の床の間に安置してある弓を見せていただいたが、大人の背丈より長い大きい弓だった。

この里から少し登ったところに能満寺という小さな寺がある。沖浦の住民の菩提寺として建てられた。しかし、何年か前から住職もいなくなって、今は廃寺《はいじ》になっている。山頂の狭い境内に、「三界万霊供養塔」がひっそりと残っていた。その山頂から、大三島をはじめ芸予諸島北部の島々が一望のもとに見渡せた。

瀬戸内に散在する沖浦浜

私はここ十数年来、瀬戸内に散在する被差別部落の調査を続けている。芸予諸島を中心に、安芸、讃岐、伊予、淡路、さらに豊後、日向の各地まで三十数回にわたって訪れた。芸予諸島の周辺だけでも数十の部落があり、瀬戸内海一円となればおそらく数百をこえる部落が存在するだろう。旧伊予国だけでも六百をこえる部落があるが、その三分の一は島嶼部及び瀬戸内海沿いの海浜にある。

これらの海の部落の起源と歴史、その民俗と文化を明らかにするために足繁く通っているのだが、残念ながら信頼できる歴史資料が少なく、部落の古老による古い伝承や口伝《くでん》の聞き取りに頼らなければならない。今日までに、すでに数冊のノートにそれらの記録を収めている。ところで、その過程でしだいにわかってきたのだが、伊予や安芸の沿岸部、それに芸予諸島の一帯にかけて沖浦という浦浜がいくつかある。

　誰でもそうだが、年をとってくると、自分の一族のルーツが気になってくる。私も前々から、海人であった先祖たちの来歴とその足跡をなんとか明らかにしたいと考えていた。

　あとで見るように、私の父方はずっと瀬戸内の鞆《とも》之浦に住んでいた。母方も伊予の海辺にある寒村の出である。そのあたりも、古代の藤原純友以来の海賊衆の伝説をうけついだ河野水軍の根拠地である。ということは、私の体内には、瀬戸内水軍の血が脈々と流れていることになる。私も子供の頃から、大きくなったら船乗りになりたいとおもっていた。

　今でもそうだが、海と船が大好きだった。祖父は若い頃からずっと外洋船に乗っていたので、一年に二、三回会うだけだったが、たまに帰ってくるとよく海や船の話を聞いた。

　あの大戦中、六十八歳をすでに過ぎているのに、祖父は最後まで輸送船の機関長として乗り組んでいた。二回も潜水艦に撃沈され海に投げ出されたが、奇蹟的に助かった。しかし、戦争が終って陸《おか》に上がったとたんに、電車に轢かれて亡くなった。生粋の海の民だったので、どうしても都会の生活になじめなかったのであろう。

さて、自分の家のルーツをたどるとなると、まず手掛りになるのは、沖浦というまことに海民的な姓である。沖も浦もズバリ海にかかわる名である。出身地の字名《あざな》をそのまま姓にする例があるので、私はまず沖浦という浦浜のリストを作ることにした。瀬戸内海の各地を訪れるたびに、沖浦と名のついた在所を地図で探して、そこを訪れた。現在のところ十二ヶ所ほど確認できた。小字《こあざ》を丹念に探せばもっとあるかもしれぬ。先祖が鞆之浦に移ってきたのは戦国時代の末期の頃、すなわち村上水軍の終焉の頃と考えられる。おそらくそれらの沖浦のいずれかが、わが先祖たちのもともとの本貫地だったのではないか。

祖父の代まで住んでいた鞆之浦の海辺の小さな家はまだ現存している。すぐ目の前が漁港である。今もこのあたりには沖浦を名乗る一党がかなり住んでいる。この地区を「平《ひら》」と呼ぶ。鞆之浦では、この平は「リョウシ村」として一段下に見られていた。一八九〇年代までは、平は鞆町には属していなかった。江戸初期の慶長年間の頃に、鞆之浦に隣接している原村と平村が合併して以来、ずっと後地《うしろじ》平村と称してきたのである。

たまたま平に生まれた郷土史家の表精氏の『平の民情風俗物語』（一九七八年、自費出版）という部厚い民俗誌を読んで、その「平」が平家の落人伝説の土地であることを知った。平という地名は、まさしく平家の平に由来していたのであった。『沼隈《ぬまくま》郡誌』によれば、「元暦の頃、平家の残卒《ざんそつ》留まりし所を平といい、源氏の廃兵残された所を原という」とある。「平」も「原」も、曰《いわ》くのある地名なのだ。

何年か前に訪れた伊予の沿岸部にある沖浦浜は、戸数八十戸の松林の美しい海岸にある部落であった。地図で沖浦という地名を見つけたので訪れたのだが、そこが賤視され差別されてきた集落であることは全く知らなかった。その部落の姓の多くは沖であった。讃岐から伊予にかけて、昔から製塩をやっていた部落がいくつかある。この瀬戸内の波がもろに押し寄せる沖浦の浜も、もともとは入浜塩田であった。

ついでに言っておくと、上蒲刈島に沖浦と呼ぶ美しい広い砂浜がある。そこは、有史以前から塩焼きが営まれていた浜であった（『沖浦遺跡』一九八四年、広島県教育委員会）。考古学者の発掘によって製塩にかかわったさまざまの遺物が出土しているが、どういうわけかいつの頃からか無人地帯になっている。

この沖浦浜遺跡は複合遺跡であって、縄文土器から近世初期の遺物まで何層にもわたって出土している。石敷炉と製塩土器等からみて、古墳時代から中世にかけての製塩遺跡とみられている。

私も二度訪れたが、日当りのよい田畠に適した土地がすぐ背後にあるので、海民が住み着くには絶好の浜である。なぜ、近世初期の頃に突然無人になってしまったのか。それは自然的な条件ではなく、なんらかの政治的な事情によって住民が全部いなくなったとしか考えられないのである。沖浦遺跡のあたりには全く人家がなく、二キロメートルほど離れた所に数軒の海人集落がある。そこも全く孤立した小漁村でまわりとの交流もないのだが、やはり平家の落人と言い伝えられている。海に面した急坂にあるその侘《わび》しい集落に入っていった時、なにか懐かしい歴史のにおいがした。

伊予の大洲藩に属し、その港として栄えた長浜町にも沖浦という漁村があると聞いて、先ごろ訪れた。その漁港の裏山に通称「沖浦観音」と呼ばれる瑞龍寺がある。平安時代初期の十一面観世音菩薩で有名なのだが、ここにも平家伝説が残っていた。本堂にあったその由緒書を写してきた。

「古く下関阿弥陀《あみだ》寺（現在赤間神宮の地）にありしもの、寿永三年平家滅亡の後、高倉天皇后安徳天皇の母平徳子（建礼門院、清盛の娘）より当国小田村清盛寺に施入され、後大洲如法寺の盤珪師のもとに遷《かえ》り、藩主加藤泰恒により海上安全守護仏として当地に瑞龍庵を営むに当りて本尊として祀られた。」

このような伝承をそのまま信じるわけにはいかないが、平家の落人となんらかの歴史的なつながりがあったのかもしれない。この肱川の河口にある沖浦は、中世の頃からの海民の小集落であったが、『長浜町誌』で調べてみてもその起源は不明とある。一六六七（寛文七）年の『西国巡見志』には、船数四艘、うち猟船二艘の小漁村とある。だが、正式には藩から漁業権を認められていなかったようだ。田畠もほとんどないので、貧しい半農半漁の生活で過してきた。江戸時代後期になって、あまりの生活苦に藩に願い出て沖浦地区にやっと正式に漁業権が認められた――そのような長浜町古老の漁師の明治二十七年の証言が『長浜町誌』に詳しく収録されている。

沖浦という地名にまつわる歴史的由緒についてざっと見てきたが、いずれの地にも平家の落人にからむ伝承が伝わっている。まことに海民的な姓である「沖浦」には、なにか特別に意味するものが内に隠されているのだろうか。

（『新日本文学』90・春）

先住民族と近代文明——古モンゴロイド系のアニミズム思想

この十数年、南太平洋の辺境の島々からヒマラヤ山系の奥地にかけて、古いモンゴロイド系とみなされている先住諸民族の地を毎年のように訪れてきた。昨年は、小スンダ列島でも最も未開といわれるスンバ島とチモール島を訪れた。この春には、アメリカ大陸の先住民族インディアン、オーストラリアのアボリジニ、ニュージーランドのマオリ族の地を訪れた。これらの諸民族も、何万年か前にアジアから新天地へ渡っていった古モンゴロイド系の末裔《まつえい》である。私たち日本民族の源流をはるかに遡《さかのぼ》ると、どこかで彼らの祖先と合流するだろう。

彼ら先住民族は、新天地へ移ってから自然環境にあわせて独自の生活文化を営んできたが、近代に入って西洋からの侵略者によって徹底的に抑圧され、その文化は次々に破壊されていった。彼らに固有の伝統文化は、今では少数民族のサブカルチャーとして生き残っているにすぎない。辛うじて残っている民俗信仰を通じて、彼らに共通する宇宙観・自然観を大づかみにみてみると次のように言えるだろう。

①その基層には、独特の死生観と呪術儀礼をもつアニミズムがある。②その思想は、自然は生命ある有機体であり、自然に内在する神々が森羅万象を動かし、ヒトも自然の一部であると考える。③自然と共に生きる彼らには、私的所有や権力支配の思想は生まれず、共有と平等の原理による小さな共同体で生きてきた。④自然神への讃美や神話時代からのトーテミズムにもとづいて、絵画・彫刻・音楽・舞踊などで注目すべき業績を残した。

彼らは、もともとは水と食糧に恵まれた海や川に近い森に住んでいたが、侵入者に追われてしだいに山深い森に入っていった。侵略者《しんりやく》たちは、先住民族に対する政策を、①絶滅・抑圧→②隔離・保護→③同化・馴致《じゅんち》というように、しだいに転換していった。そして、第二次大戦後、少数民族《マイノリティー》としての社会的文化的自立の運動が高まると、④自主・自己決定の原則を渋々認めるようになってきた。

今日では、彼らのアニミズム思想は、人類の原思考として改めて見直されるようになってきた。彼らの造型芸術も改めて高く評価されている。アメリカやオーストラリアの博物館を訪れても、考古学資料をはじめ先住民族にかかわるものが圧倒的に多い。たかだか三百年の歴史しかない侵略者の側には、伝統文化として展示すべきものが何もないのだ。

大学のキャンパスでも彼らの伝統芸術が数多く展示され、今ではポストモダンのあり方を示唆するものとして脚光を浴びつつある。大学の研究者の間でも、一九七〇年代に入ってから、先住民族の歴史・宗教・文化についての研究が急速に進み、次々に新しい研究が発表されている。

最近各地の先住民族の抵抗運動が、あいついでTVで放映された。ボルネオ島の漂泊の山民プナン族とアマゾン奥地に住むインディオたちの熱帯雨林を守る闘い、ネバダでの核実験に抗議し祖先の土地の返還を訴えるアメリカ・インディアンの小部族――私もそれらの映像を講義で活用させてもらった。地母神に祈るシャーマンや自然採取の習俗を、学生たちは最初は好奇の目で観ていたが、やがて息をのんで凝視していた。その映像が映しだしたのは、自然生態系の危機と民族の生存根拠《アイデンティティー》をめぐるまさに二十一世紀的な尖鋭な問題であった。

この三月、日本の政府開発援助（ODA）によるインド西部ナルマダ河ダム計画に反対する山地先住民族が来日し、環境破壊によって十万人の生活が奪われると抗議した。隣国ネパールでは、長い間インド・アーリア系王朝によって抑圧されてきたチベット・ビルマ語系の先住民族が王政打倒に決起した。

二十一世紀を迎えて、人類史はかつてない危機に立っている。広大な支配圏を誇ってきた近代機械文明の瓦解状況は、今では誰の目にも見えるようになってきた。既存の社会主義モデルの解体現象も、同次元の世紀末的問題群の一つとして論ずべきであろう。

人類の新世紀は、近代の自然観・人間観の根本的な再検討にもとづいて、《自然・内・存在》としてのヒトの新しい生き方を追求するところから始まる。工業生産力のみに依拠した進歩史観や、「未開から文明へ」という単線的な発展史観は、もはやそのままでは通用しない。諸民族の生活と民俗の多様性を尊重し、その文化的差異を互いに理解しあう新時代に入るだろう。

独自の歴史と文化を持つ諸民族を、ムリヤリに統合してきた国家のあり方も見直さねばならない。新時代の国家は、政治的権力や経済的支配力ではなく、諸民族の文化的自立《エスニック・アイデンティティー》を基本にして編成されていくだろう。歴史は不可逆である。先住諸民族の自然的生活が、新たな文明モデルとして再登場してくることはもはやありえない。しかしながら、自然と共に生きてきた彼らの生活様式は、近代文明の病弊を写しだす鏡である。その歴史的な問いかけは、今後の新文明構想に組みこまれていかねばならない。

（『毎日新聞』90・5・21）

II 天皇制と賤民制

天皇と賤民――両極のタブー

私の天皇体験

私は一九二七年元旦の生まれである。いわゆる昭和世代のトップバッターである。第二次大戦の前夜、私たちの世代にとって、天皇はいかなるものとして存在していたか。まずそこから始めよう。

一九二〇年代と言えば、大正デモクラシー運動にひき続いて社会主義運動が興隆し、〈社会変革〉の思想として大きい影響を及ぼし始めた時代である。組織化されたのは前衛的部分に限られていたとしても、西洋から導入されたマルクス主義思想は、労働者・農民・水平社・学生などの諸運動の画期的な展開の導火線となった。学界・文壇・ジャーナリズムにも深く滲透していった。だが、そのような西欧からの新しい波《ヌーベルバーグ》も、国家権力の徹底的な抑圧と排除によって、民衆的基盤を広く確立する前に潰《つい》え去った。

中学三年生で太平洋戦争に遭遇した私たちは、産湯の時から天皇制ファシズムの教育体系で育てられた世代であった。物心ついた頃には、もはや反戦平和運動や革命運動の余燼《よじん》すらどこにもなく、それらに関連した書物は禁書としてすべて姿を消していた。反国家・反天皇の側からの思想的なインパクトを受けるどのような機会もなかったのである。

私の体験的実感を踏まえて言えば、私たち少年の前に、天皇はまさに《現人神《あらひとがみ》》として顕現《けんげん》していた。天皇はわが日本を創成したアマテラスオオミカミの子孫であり、国土を鎮護し、五穀豊穣を祈り、民族を守護する生き神様であった。

現人神としての神格こそ天皇王権の根源であり、それゆえに万世一系の天皇をいただく日本は神国であり「神州不滅」である。天皇は国家の元首であり国軍を統べる大元帥であるが、その権限はすべてその神格から発する……。耳にタコができるほどそのように教え込まれ、そのように観念することを十数年にわたって叩き込まれてきたのであった。

その法的根拠とされたのが、明治の欽定憲法である。その前文は、次のような古代の天皇の宣命《せんみよう》を模した文で始まる。「皇朕《スメラワ》レ謹ミ畏《カシコ》ミ皇祖皇宗ノ神霊ニ誥《ツ》ケ白《モウ》サク皇朕レ天壌無窮ノ宏謨《コウボ》ニ循《シタガ》ヒ惟神《カンナガラ》ノ宝祚《ホウソ》ヲ承継シ……」。この呪文のような前文をうけて、「大日本帝国ハ万世一系ノ天皇之《コレ》ヲ統治ス」（第一条）、「天皇ハ神聖ニシテ侵スヘカラス」（第三条）、さらに「天皇ハ国ノ元首ニシテ統治権ヲ総攬《ソウラン》シ……」（第四条）、

「天皇ハ陸海軍ヲ統帥ス」（第十一条）と続く。

このように天皇は、皇祖神の神慮による宝祚（＝天皇位）の継承者として《聖》と《俗》の全領域にわたる全能者として国民の前に立ち現われていたのであった。

この《現人神》に対する批判は、「神聖ニシテ侵スヘカラス」という憲法条項によって禁止されていた。明治政府の最初の刑法構想では、古代律令の「謀反」「謀大逆」「謀叛」を法的根源とした天皇・天皇制に対する反逆罪は一たんは姿を消していたが、一八八〇年の旧刑法で復活し、一九〇七年の改正法では「大逆罪」「不敬罪」（第七十三〜七十六条）として明記されるに至った。

宗教の領域においても同断であった。祭政一致を掲げる政府の神道国教化政策によって、廃仏毀釈が断行された。仏教各派は、〈仏法〉は〈王法〉に隷属することを表明してはじめてその布教を認められた。明治維新の解禁後、反体制派の思想的拠点となりつつあったキリスト教に対しても、しだいに統制が強められ、最後には天皇教のもとに屈服した。それを最後まで認めなかった信仰者は、いずれも獄に狩りたてられた。

かくして、伊勢神宮を頂点とする天皇教神道は、国家宗教としての地位を着々と固めていった。私の小学校時代には、マツリの日は、御真影のもとでの教育勅語の奉読のあと、全学年で氏神へ詣でた。各学年の遠足は国幣官社参詣、修学旅行は伊勢神宮参拝が義務づけられていた。私はキリスト教系の中学校へ通っていたが、修身の時間は、「長幼の序」から始まって、イエ・クニに至る、忠孝を軸とした「礼儀と秩序」の強調に終始した。万事国定のテキスト通りであって、キリスト教の信や愛については聞いたことがなかった。英語は鬼畜米英の用いるコトバであるという理由で、一九四四年の三月以降入試課目から外《はず》された。

修身とともにイデオロギー教育の一半を担わされた漢文は週四時間あり、一年生から『論語』を習った。近世幕藩体制の官学であった儒学は、その頃は天皇制思想の強化の補完物になっていた。孔子の説いた〈忠〉にしても、本来は「まごころ・自らに誠実であること」を意味したのであるが、君主に対して臣下たる本分をつくすという〈忠君愛国〉道に完全にスリかえられていた。

しかし一言断っておかねばならないのは、私たちが天皇制ファシズムの思想から自発的に抜け出す条件はどこにもなかったにせよ、丸ごと擒《とりこ》になっていたわけではなかったということである。敗戦の前年に旧制高校へ入った。まともな酒食もないままに開かれた第一回コンパの席上、「戦争における〈死〉の問題」が皇国史観に傾倒していた一部から出された。だが、ほとんどの者は発言せず、重苦しい雰囲気が支配した。

平泉澄の皇国史学や西田哲学右派の『世界史の哲学』などに心酔して、天皇のための死を讃美する者は少数であった。もはや哲学や諸科学研究による真理探求の道は完全に閉ざされていたが、工場動員のさなかによく読まれていたのはトルストイやドストエフスキーであり、ボードレールやランボーなど象徴派詩人であった。思想の書としては、西田幾多郎、河合栄治郎、三木清、倉田百三、小林秀雄あたりがよく読まれていた。私たち文学サークルが敗戦の八月まで工場で出していた手書きの同人誌は、『孤舟』と名付けられていた。

世界史にもあまり例を見ぬ、虚偽意識としてのイデオロギーの巨大な構築物であった天皇制思想は、精神の根底からすべての人間の心をつかんでいたわけではなかった。所々に空席があるままに九月一日に学校が再開されたが、あの日の明るさをどう説明すればよいのだろうか。私たちにとって、天皇は、日本国家は、そしてあの戦争は、一体何であったのか。所詮《しょせん》デッチ上げの絵空事《えそらごと》にすぎなかった《日本神国》思想は、敗戦とともに轟音を立てて瓦解していった。

征服王から祭祀王へ

幼い時から、天皇をこの目で拝むことはできぬ、それは畏《おそ》れ多いことだと聞かされていた。貴い身分に拝謁が許されても、われわれ下々《しもじも》の民衆は天皇の前では土下座を強いられた。

そのさい、天皇を仰ぎ見てはならなかった。天皇を直接この目で見ることはタブーであった。「天皇を見ると目が潰《つぶ》れる」といった話が、まことしやかに私たち子供の間にも伝わっていた。天皇は、法のみならず武力によっても十重二十重に守られていたが、さらにこのようなタブーによって近づくのも畏れ多い《現人神》とされていたのである。

ヒトの原初的な姿を残している呪術的社会では、王との接触・接近がタブーとされた多くの事例を見出すことができる。自分たちの小さな共同体の安全を祈願し、悪霊の侵入を防がねばならぬ首長は、シャーマン的祭祀王として現われた。王は神の化身として、強大な霊力（mana）を宿しているとされた。万物に霊力が内在し、諸現象はその働きによるとみたアニミズム特有の思想である。このマナは容易に転移し付着するとされたから、特に威力ある霊力を持つ王との接触が禁じられたのだ。

このようなアニミズムやそれにもとづくシャーマニズムが支配的な呪術的社会はともかくとして、多くの小共同体を武力でもって統合した古代国家の王が自称する強大な霊力は、実際は、その征服王が持つ暴力《ゲバルト》の象徴的表現であった。

つまり、祭祀王から征服王へと、王権の機能もしだいに変質してきたのだ。征服王も国家儀礼としてのさまざまの祭祀を執り行なうが、それはその所有する政治的威力の呪術的粉飾という性格が濃厚であった。

インベーダーとしての征服王の支配力が安定してくると、王化に従わぬ先住民族や反乱者征伐の物語が、王の英雄伝説として物々しく語り出されるのが常であった。やがてそれらの伝説や物語は国家の正史に取り入れられて、政治的文化的統治の一環として大いに活用される。

征服王が君臨すると、その血統は、古くからその土地に伝わる神話や伝承や説話をないまぜて麗々しく美化される。内外から寄せ集めた材料を下地にして、皇祖による国土創成神話がまず作られる。そして無理矢理にこじつけられ巧妙に偽造された王統譜によって王権の正統化がはかられる。天武天皇によって編纂を命じられた最初の正史である『日本書紀』が、大筋ではほぼそのような経過を辿っていることは改めて述べるまでもないだろう。

その支配の安定をはかるために、宗教的儀礼・身分制・位階勲等などさまざまの装置、パフォーマンス、道具立てが考案され、社会体制がしだいに秩序化されていく。外来の宗教や思想も大いに利用されて、国家宗教と支配階級の文化が制度化されていく。その段階に入ると、神慮による正統を自称する王は、国土を鎮護し五穀豊穣を祈願する祭祀王にふたたび変身して立ち現われる。

かくして世俗的権力と呪術的宗教的権力をあわせ持った王は、さまざまのしるしによって、自らの神聖性と超越性を民衆に誇示しようとする。例えば律令の衣服令によれば、天皇の服色は白、賤民のそれは黒であった。天皇は世俗の身分を超越した現人神として無姓であったが、賤民は国家の礼的秩序の外にある者として無姓であった。

宮廷のお抱えの呪術師たち——ヤマト王朝では令制の陰陽寮に属した陰陽師たち——によって、王を中心にさまざまのタブーが設《しつら》えられる。タブーによって王は《穢》に充ちた《俗》から隔離され、その《浄》性と《聖》域を明示する。その皇統には、《俗》や《賤》の血が混入しないように厳重に統制された。例えば天武天皇の長子である高市皇子《たけちのみこ》は、その母親が海人である宗像君徳善の娘尼子娘であったがゆえに、「卑母」の生んだ子としてついに皇位を継げなかったのである。

その反面で、不浄にかかわる職務はすべて賤民に押しつけ、不浄＝ケガレの伝播を防ぐために、通婚をはじめとしたきびしい制約の中に彼らを閉じ込めた。そして服装や髪型などによってその存在を明示させた。よく知られているように、タブーはポリネシア語の tabu に由来する。ta は〝しるしづける〟、bu は〝はっきりと強く〟を意味する。つまり、はっきりと徴《しるし》づけることによって、その存在を際立たせて、他から区別することがその原義であった。

このような王権形成の道筋は、細部はともかく日本の天皇制にもあてはまる。私は、ヤマト王朝の始祖を北方系騎馬民族とする喜田貞吉・江上波夫の説を大筋で認める立場をとっているが、征服王から祭祀王への変身は以上のように理解されよう。

そして、天皇と賤民をめぐる両極のタブーは、時代とともに変容しながらも、あとでみるように二十世紀のなかばでもまだ生きていたのである。

呪術的カリスマ性と宗教的擬制

もうひとつの見方からすれば、日本の古代天皇制はカリスマ的支配の一つの典型であった。しかも近代に入って、一度は萎《な》えていたそのカリスマ性を「王政復古」としてふたたび顕現《けんげん》させたという点では、世界史でもあまり例を見ぬきわめて特異な王制であった。

カリスマ（Charisma）とは、神から授けられた超自然的霊力や常人にはない非日常的資質をさす。よく知られているように、M・ウェーバーは、伝統的支配（＝宗教にもとづく身分制社会）、合法的支配（＝法にもとづく官僚制社会）と区別して、カリスマ的支配という型を提起した。ウェーバーは、カリスマ的資質を持つ支配者に対して、民衆が人格的に帰依し心服する関係をカリスマ的支配と呼んだのである。私流に言えば、神格化・英雄化された支配者に対して、被支配者が道徳的情緒的に服従し、あたかも神々に帰依するがごとくひれ伏すことである。帰依と隷属は楯の両面であった。

私見によれば、天皇史の中でカリスマ性が特に強く現出したのは、古代では天武天皇であり、近世以降では明治天皇であった。前者の場合は自らの営為と創意でカリスマ性を構築したのに対し、後者の場合はとりまきの有司専制グループによって仕立て上げられたという相違点はあるが……。そして、「皇《おおきみ》は神にしませば……」とうたわれたのも、この両天皇であった。

　日本の天皇制は、古代律令制以来、呪術的カリスマ的支配、宗教による伝統的支配、法による合法的支配――この三つの混合型支配であった。どの支配型が前面に出たかは時代によって異なる。中世から近世にかけて、武力権力の擡頭《たいとう》によって天皇制の屋台骨は大きく揺らいだが、国家法としての「律令」は明治維新までずっと存続した。天皇位は簒奪《さんだつ》されなかったにせよ、室町期から江戸期にかけて、天皇権の内実がしだいに形骸化していったことは周知の通りである。《万世一系の皇統》という擬制を細々と保ってきたのは、官位授与権と暦の制定権を最後の決め手として、その尾骶骨にまだカリスマ性が残っていたからだろう。

　宗教にもとづく伝統的支配の体制は、皇統という擬制を支える点では思ったほど役立っていない。中世以降の神道にしても、所詮は寄せ集めの教義の上に成立した諸教《シンクレ》混交《ティズム》であった。朝廷の閉ざされた空間で執り行なわれるその祭祀儀礼は、民衆の生きる世界とは完全に断絶していた。

　天台・真言を中心とした鎮護国家貴族仏教にしても、「一切衆生平等往生」を説いた法然、「悪人正機」を唱えた親鸞、「ナムアミダブツ」の踊念仏に徹した一遍――このような民衆浄土信仰にしだいに圧倒されていった。かくして、鎮護国家仏教は、中世後期以降ではほとんど宗教的活力を失っていた。

中世に入ってからの天皇制は、「神武天皇以来」という世襲的カリスマ性――その物象化されたものが三種の神器であり、儀礼化されたものが大嘗祭である――にしがみついて、天皇位の尊厳性を細々と維持してきたのであった。その大嘗祭にしても、応仁の乱後、二百年にわたって断絶していた。

天皇制を構築した天武天皇

ところで、天皇のカリスマ性を、国家祭祀のみならず社会秩序や政治体制として体系的に構築した天皇は、天武天皇であった。夫婦一体としての天武・持統朝といったほうが正確かもしれぬ。いろいろな点において、この時代は天皇史の大きな画期であった。制度としての天皇制国家体制を、全体的な統治システムとして考案し実現したのは、まさしくこの天武天皇であった。天武・持統によって、それ以後およそ千三百年にわたる天皇制の体制的な基盤が築かれたといっても過言ではない。つまり天武天皇論を核として、天皇制論は成り立つのだ。

周縁にいた山民系や海民系を動かして、武力革命で政権を奪った天武は、覇者であることを意識してか、自らを漢の高祖に擬した。伊勢神宮を中心に神祇体制を整備し、新帝即位礼として大がかりな大嘗祭を創出した。そして、天孫降臨神話にもとづく皇統譜の作成のために、『記』『紀』の編纂を命じた。王権の神聖観を国土全体に定着させるために、道教的な天命思想や鎮護国家宗教としての密教系仏教をも大々的に活用し、諸国巡幸も行なった。そして、大王《オオキミ》を改めてついに《天皇《スメロギ》》を称するようになった。

わが国初の〈殺生禁断令〉が布告されたのは天武四年（六七五）であった。良と賤の区別にもとづく身分差別について、飛鳥浄御原令にみられるような新方針を打ち出したのも天武・持統両朝であった。清浄にして神聖なる王権を際立《きわだ》たせるためには、身分制の最底辺に、ツミ・ケガレを一身に背負わされた奴婢《ぬひ》＝賤民の存在を制度化することがどうしても必要であった。国民の数パーセントという少数であっても、賤という身分を社会的に存在せしめることとそのものに思想的な意義があった。

もう一つ強調しておかねばならないのは、天皇王権に最後まで果敢に抵抗した蝦夷《えぞ》や隼人《はやと》など、この列島の先住民に対する抑制と差別である。『紀』にみられるように彼らを「服《まつろ》はぬ」「王化《みおもぶけ》に染《したが》はぬ」者と呼び、抵抗する者には徹底的な殲滅作戦をとった。天武八年には薩南諸島にまで手をのばしだした。アマテラス以来の皇統を中心とした単一にして純血な日本民族という歴史の偽造は、このような抑圧と差別と搾取の過程で作為されたものである。そして、縄文文化の系譜をひくこの列島の先住民族を「土蜘蛛」と呼んで、その固有の文化を潰滅に追い込んだのであった。

このようにして、神統を誇示する天皇権力のイデオロギーとして、《貴―賤》《尊―卑》《浄―穢》といった二項対立的な思想が国家祭祀や法制において具体化され、「皇《おおきみ》は神にしませば……」(『万葉集』巻十九)といった歌が恭《うやうや》しくうたいだされるようになったのである。

さて、中世後期以降、武士階級に世俗的権力を奪われた天皇は、その宗教的伝統性もしだいに色褪《いろあ》せ、そのカリスマ性も民衆から見えないものに退化していった。織田・豊臣政権によるテコ入れがあったが、それも彼らの全国統一に役立つ範囲に限定され、特に天皇のカリスマ性の封じ込めについては慎重に配慮されていた。

それからおよそ三百年後、天皇のカリスマ性の大々的な復活再生を軸にして、「王政復古」という大芝居を打ったのが明治維新の有司専制グループであった。

薩長藩閥を中心とした彼らは、天皇の諸国巡行、国家のシンボルとしての三種の神器のハレ舞台への登場、大嘗祭の大々的な挙行――そういったモノモノしい演出によって、「万邦無比の国体」に君臨する《現人神》の創出をはかった。天皇を《玉《ぎょく・たま》》とみて、その操《あやつ》り方を中心に新国家路線を構想したのである。彼らの賭けはまんまと当った。そして、その数十年後に行き着いた先が、天皇制ファシズムの形成と太平洋戦争であった。

両極のタブー

ところで、私たちの幼少期の頃には、もう一つのタブーが根強く存在していた。一口で言えば、卑賤視されていた被差別部落をめぐるタブーである（以下、部落はすべて被差別部落をさす）。

神聖にして清浄なる天皇と、かつて「穢多」とされた身分に連なる部落とは、民衆の抱いている価値志向性からすれば両者はまさに対極にあった。しかし、近づき接触することが禁忌《きんき》とされたことでは、まさしく両極のタブーであった。天皇の場合はその霊力に対する畏怖であったが、賤民の場合は名状しがたい恐怖が根底にあった。

改めて言うまでもないが、この畏怖にしても恐怖にしても、人間としての真の人格に発するものでは全くない。《浄―穢》というエセ宗教観念や虚偽意識としてのケガレ観、そして、ヒンドゥー教カースト制と酷似《こくじ》したケガレの伝播思想――それらを基盤とした宗教的禁忌や古い民俗慣習によって、ながい時間をかけて醸成されてきたものである。それらにもとづくタブーは、まさに共同幻想と呼ばれるべきものであった。

戦前の時代、天皇については、毎日のように繰り返される教説や儀礼を通じてタブーの遵守が否応《いやおう》なしに強制された。だが、部落については、日常においてあからさまに語られることはなく、あたかも暗黙《あんもく》の了解であるかのごとくタブーが成立していたのだ。それが話題になるとき、いつもヒソヒソ声であった。（ついでに言っておくと、生身《なまみ》の人間としての天皇をジカに話題にするさいも、やはりヒソヒソ声であった。聞かれることが憚《はばか》られるという点では同質であった。）

何故にそうなのかというその根拠は明示されぬままに、部落はコワイところだ、近づいてはいけない、うかつに口にしてはならぬと年長者がヒソヒソ声で説く。事情がよくのみこめないままに、子供心に得体《えたい》の知れぬ恐怖心と陰湿な差別観が植えつけられていく。

人権や差別についての教育がまがりなりにも一般化した今日においても、オモテ向きはともかく、ウラではまだそのような情況が一部に根強く残っている。神聖にして清浄なる天皇というその呪術的カリスマ性を信奉している者ほど、旧賤民の系譜に対する不浄観・賤視観を今でも根強く抱いている。そのオソレは同根ともいうべき呪術的観念から発し、地底の深いところで重なっているのだ。

しかし、部落にまつわるタブーが、上からバラまかれたケガレ観念に対する恐怖から発していたと簡単に断じることはできない。かつて折口信夫は、その厖大な論述を通じて、古代・中世の賤民層に対して人びとが抱いた一種の呪術的霊力について力説した。大阪の中世以来の伝統を持つ被差別部落・渡辺村のすぐそばで生まれ育ったというその原体験が、折口の文学的志向の根底にあった。私も幼少の一時期をすぐ近くで過ごしたことがあるので、その雰囲気をよく知っている。

彼の家のまわりのドヤ街は、近代の〈マレビト〉である放浪の芸人たちの最後の拠点であった。うらぶれた陰陽師や香具師《やし》たちもいた。若き日の折口は、そこでさまざまのモノを見たのであった。ハレの日に寿言《よごと》を唱えて歩く漂泊の海人・山人は乞児《ほかいひと》として賤視されたが、そのウラでは祝言職《ほかい》として畏怖されたのである。《聖》・《俗》・《穢》がはっきり分化していない呪術的時代のありようが、まだ旧渡辺村の芸人たちの姿に投影されていたのである。つまり、二十世紀に入っても、賤民にはある種の呪術的カリスマ性があるとみなされていたのである。

近世以降は、そのような呪術的な根はしだいに浅くなっていったが、それでもなお名状しがたいある種の潜勢力を賤民層が持っているのではないかという考えは根強く存在した。

一九一〇年代以降、社会変革の運動が労働者・農民・部落民・学生の各戦線で大々的に組織されたとき、官憲が最も手を焼いたのが各地で結成された水平社であった。追われた革命家たちが部落に匿《かく》まわれた事実はあちこちで見られ、それは一種のアジール（Asyl）となった。

米騒動のさいの部落民の一揆的な蜂起力に改めて驚き、その抵抗力の奥深いところに常民にはない何ものかがあることを知ったのである。差別・抑圧をはね返す力の中には、近代合理主義の思想では捉えきれぬある種の活力《バイタリティ》をひそめていた。もちろん、その力は、〈人外の人〉として差別されるというギリギリの状況の中で生きていかねばならぬというところから発したものであった。

日本文化史の地下伏流

何をケガレとし不浄とするかは、それぞれの時代や諸民族の文化体系の違いによって、かなりの変異がある。この日本列島でも、有史以前と古代以後とでは同一の次元で論じることはできない。外来のケガレ思想の伝播・滲透といった問題も、詳細に分析していかねばならない。

古代では何をツミ・ケガレとするかは、律令の制定過程にみられるように、隋・唐から導入した律令思想に依りながらも、最終的には朝廷の判断によった。そして、天皇＝国家に対する叛逆罪を中心とした〈八虐〉がツミ・ケガレの基本におかれた。しかし、古代のケガレ観は、中世に入ると、ヒンドゥー教の思想的影響を色濃く受けた密教の導入とともに、しだいに変質していったのである。

儒教を背景とし《貴—賤》観を軸とした中国の律令制では、国家の制定した〈礼の秩序〉に包摂されえない者が賤とされた。ケガレは、国家や共同体に対するツミの観念と強く結びついていた。その良と賤の区別の根底には、皇帝権力に忠誠な者は良民、国家の定めた規範に背き皇帝に反抗する者は賤民とする思想があった。

ところが、ヒンドゥー教を背景とし《浄―穢》観を軸とするインドのカースト制では、神々を祭るバラモン階級が聖なるものとされ、その支配秩序・価値体系を脅《おびや》かす者がケガレとされた。呪術的秘技に生きるとされた漂泊の職人や芸人たちも、ヒンドゥー教の宇宙論《コスモロジー》を攪乱《かくらん》し神々の浄性を穢す者としてカースト外《アウト・カースト》という烙印《らくいん》を押された。バラモンの聖典である『マヌ法典』に明示されているように、征服者である色の白いアーリア人以外は、分類体系からハミ出した異人として差別された。さらに死や産や経血にかかわる者がケガレとされた。これらはいずれも不可避の生命現象であるにもかかわらず、他人から見られたくないという生理的感覚を巧妙に利用して負性の記号が付され、ケガレの領域に追いやられたのであった。（これらの問題については『アジアの聖と賤』、『日本の聖と賤』中世篇・近世篇の三部作〔人文書院〕を参照されたい。）

日本の歴史の各時代の被差別民は、国の基幹である農耕に従事せず、卑俗な雑業・雑技にたずさわる《賤》として社会の片隅に追いやられてきた。そして、殺生戒を犯し卑猥《ひわい》な遊芸で生きる者は、仏の慈悲からも見放された《穢》であり、日常的社会秩序の外に生きる「制外者《にんがいもの》」であるとみなされてきた。そして彼らの生活・民俗・労働は、日本の文化史や精神史の負の領域、闇の部分として歴史の深部に埋められてきたのであった。

天皇・貴族や武士権力を中心に叙述されてきた官許歴史学では、賤民の存在そのものがウラの領域に追いやられタブー視されてきた。そして、彼らが営々として築き上げてきた文化芸能や産業技術は、その上澄《うわず》みのところだけが巧妙に吸い上げられて、あたかも時代の支配者たちがそれらを産み出したかのように述べられてきたのであった。

だが、日本文化を代表する舞台芸能である中世の能・狂言、日本民衆文化の原郷ともいうべき説経節、近世文化の華であった人形浄瑠璃と歌舞伎――これらの芸能は、いずれも「乞食所行」「河原者」と呼ばれて賤視されてきた人たちによって創り出されたものであった。世界美術史で高く評価されている浮世絵にしても、その多くは出身も定かでない下層の絵師の所産であり、その主たる画題となったのは「制外者」であった遊女と役者である。浮世絵師や著名な戯作者を世に出して江戸化政期ジャーナリズムの大きい推進力となった蔦屋《つたや》重三郎は、浅草弾左衛門支配下の傾城《けいせい》屋の出であった。

交通や流通の領域でも、賤民層の果たしてきた役割は大きかった。海や川の船頭、渡守、馬借・車借、仲士、飛脚、行商などをやっていた部落は、近世から近代に入っても各地にあった。

私はこれまでに西日本を中心に三百をこえる部落を訪れて古老からの聞き取りや資料調査をやってきたが、彼らは、産業技術の領域でもなくてはならぬ仕事を担ってきた。優れた皮革加工技術によって、楽器・武具・衣装を作った。農耕の必需品であった竹細工、井戸や池掘りや道普請などの土木、石切・石垣積みなどもやった。鍛冶や鋳物師、石灰掘りや鉱石採取、染色、火薬製造、灯心《とうしん》作りをやってきた部落もあった。薬草を採り、医療や獣医をやった部落民もいた。山の保林や川の水番を仕事とした部落もあった。狩猟や漁業、塩焼きや鵜飼を専業とした部落民もいた。庭師や植木職も、銀閣寺をはじめ室町期の名庭園にかかわった山水河原者・善阿弥以来の伝統を引き継ぐものであった。これらの近世初頭からの生業は、いずれも私が各地方で実地に確認したものである。

堺に近い和泉の南王子村は一村独立の穢多村で、『奥田家文書』によってその歴史が知られているが、その主産業は雪踏《せった》と農業であった。近世の履物《はきもの》として重用された雪踏は、文禄二年に出された『南方録』には、雪踏は千利休によって考案されたと記されている。利休は堺の魚問屋に生まれ、武野紹鷗《たけのじょうおう》に茶を習い茶道の大成者となったが、紹鷗が「かわや」であったことは史料で確認されている。利休も皮革商人として財をなしたのではないかという説もある。戦国時代の頃は、皮革業はかならずしも賤視されていなかったのである。

少数点在の地区を含めて全国で六千部落と言われているが、その八〇パーセントは農山村にあり、農耕をやっていた部落が一番多い。彼らは「かわた百姓」と呼ばれて蔑視された。皮多・革田・川田などいろんな字があてられているが、皮そのものが徴《しるし》ありというか、潜在的にケガレを意味する記号として用いられ、皮革の仕事と関係のなかった被差別農民も「かわた百姓」と呼ばれたのだ。

彼らは荒田の改善や新田開発に従事し、必死の努力で自分たちの土地を集積していった。水呑百姓が多かったが、高持百姓もいたのである。農民としての年貢はちゃんと納めていた。小作だけでは食べていけないので、副業として草履《ぞうり》作りやいろいろな雑業をやり、祝福の門付芸や諸国を回る遊芸に出た部落民も各地にいた。(これらの問題については『日本民衆文化の原郷』解放出版社／文春文庫を参照されたい。)

身分制社会では、武士は軍役、百姓・町人は夫役《ぶやく》というように、それぞれの身分に経済外強制として役が課せられたが、賤民層に課せられたのは清目役《きよめ》(清掃役)であった。さらに警固役、牢番役、刑吏役などの人の嫌がる役を無理矢理に強制されて、民衆とのつながりを断ち切られ、江戸中期以降ますます孤絶させられていった。そして、その社会的孤絶は、ケガレにまつわるタブーによって、世俗的慣習として定着していったのである。

多くの部落民が身に受けてきた苛酷な差別、それにもとづく悲惨と貧困の生活は、歴史的事実としてはっきりおさえねばならぬ。そのことを抜きにして部落問題の本質に迫ることはできぬ。

　だが、部落の生活は未来になんの救いもない暗黒の世界だったわけではない。必死にこの世を生きていくための努力と創意があり、辛酸の中での苦闘と創造があった。彼らの日常を支える伝統的民俗があり、阿弥陀仏による絶対的救済を信じる熱烈な浄土信仰があった。阿弥陀仏こそ、このつらい人生を生きたすべての「凡夫・悪人」に慈悲の手をさしのべられるありがたい仏であった。（部落民の九五パーセントが、「南無阿弥陀仏」の易行易修を説く浄土真宗、浄土宗、時宗の門徒《もんと》である。）助けあって生きていかねばならず、人と人との結びつきにおいても、平等原理にもとづく伝統的な共同体の絆が強く残ったのである。

　賤民が担ってきた労働と生産は、日本の文化史・産業技術史の大きい地下伏流であった。時には地表、すなわち世のハレ舞台に出たこともあったが、その多くは暗い地の底を走り抜けてきたのであった。だが、この地の底から、すなわち賤民の側から、天皇の存在を逆照射するとき、天皇制の支配の構造がはじめてくっきりと浮かび上がってくるのではないか。

（『仏教』別冊、90・春）

鎮護国家仏教の〈貴・賤〉観——インドのカースト制と日本の密教

身分差別観念の二系列

ヤマト王朝の形成以来、ほぼ千五百年の歴史をもつ日本の社会において、古代・中世・近世のそれぞれの段階における、国家権力の支配の支柱となったのが身分制度であった。

もちろん時代の進展とともに、とくに鎌倉期からの武士権力の興隆を大きい画期として、中世以降の身分制度はしだいに変わっていった。しかし、人間を序列づける《貴・賤》の制度は、中世・近世においても法制的にはそのまま存続した。すなわち、身分制を最初に法制化した古代「律令」は、形式的には明治維新まで廃止されることはなかったのである。

かくして、世俗の身分を超越した聖なる天皇をいただき、卑《いや》しい賤民を最底辺とする身分制度は、国家の社会秩序の背骨《バックボーン》として、明治維新まで実質的に存続したのであった。そして、〈王政復古〉によって、ほとんど形骸化していた《貴・賤》関係に改めて活《かつ》が入れられ、神聖な天皇権のもとに律令的理念は新形態で再生されたのであった。

それぞれの段階における身分制度を思想的に根拠づけてきた差別観念は、すでに述べたように天皇制にもとづく《貴・賤》観念であった。ところが、中世に入る頃から、もう一つ別の思想体系に属する新しい身分差別観念がこの列島に入ってきた。

したがって中世以降は、大雑把に言って二系列の思想があった。一つは、《貴・賤》観を基軸とした中国律令制の良賤制であり、もう一つは、《浄・穢》観を中心としたインド・ヒンドゥー教社会のカースト制である。前者は儒教より発し、後者はバラモン教＝ヒンドゥー教より発している。

日本の古代社会では、隋・唐より導入された《貴・賤》観が主力となって、中国の良賤制と類似した身分制度が確立された。それは、天武・持統朝に始まる「律令」制度として現われた。ところが中世に入ると、ヒンドゥー教的な《浄・穢》観が急速に広まり、古代律令以来の《貴・賤》観と併存するかたちで中世的身分観念が定立されていった。

近世に入ると、穢多・非人という賤民呼称に示されているように、カースト制差別の側面が強く表面に出て、《貴・賤》観は一歩後に退いた。この背景には、天皇王権の形骸化、貴族勢力の弱体化があった。

もちろん、いろんな土着思想や古い習俗が根強く残っており、支配者の政治的必要に応じてさまざまの夾雑物《きょうざつぶつ》がたえず紛れ込んでくるので、先にみた二系列の思想が純粋な形態でそのまま現われたわけではない。儒教思想を基盤とした《貴・賤》観が中国より渡来したことは系譜的にも容易にあとづけられるが、問題は後者である。インド・ヒンドゥー教に由来するカースト制差別の思想が、どのような経路を通って日本へ入ってきたのだろうか。時間的にも空間的にも、この問題を究める作業は一筋縄ではいかない。

私はこの十数年、何回かインドへ渡り、数多くの前・不可触民地区を訪れた。日本の部落差別との、比較文化史的・比較宗教史的な調査研究が主要な目的であった。また、ヒンドゥー教と仏教を中心に各宗派の寺院や遺跡を訪れて、カースト制身分差別を産みだしたその宗教史的背景と教義の流れについて考えてきた。そして私は、カースト制差別観念が日本へ入ってくるさいの主たる媒体となったのは密教ではないかと推量した(『アジアの聖と賤』一九八三、人文書院)。

もちろんこの問題を全体的に明らかにするためには、仏教とバラモン教＝ヒンドゥー教との発生史的なかかわりをはじめとして、インド史そのものの展開の中での両者の教義的な関連や異同を思想史的に究めていかねばならぬ。そのためには厖大な基礎研究が必要であることは十分に承知している。今の私にはその責を十全に果たす力はないが、その見取図の一端だけでも提示しておきたいと考えてこの小稿を草した。

ここでは仏教の教義の根本を歴史的に明らかにしながら論を展開する紙幅はないので、身分差別に限定して論を進める。まず最初に、原始仏典にみられる釈迦（＝ゴータマ・シッダルタ）の思想と行動について簡単に言及するが、それも、釈迦入滅後、約千二百年を経てインド史に現われる密教との思想的距離を測定するための一つの目安にすぎないことをおことわりしておく。

カースト制思想の基層にあるもの

前十五世紀の頃、ヒンドゥークシュ山脈を越えて西北インドに侵入してきたアーリア人は、先住諸民族を制圧しつつ、しだいにその版図を拡げていった。ドラヴィダ系の先住民が築き上げたインダス文明の末期の頃であった。彼らは色の白いコーカサイド系の騎馬民族であったが、自らを〈高貴な人《アーリアン》〉と称し、ドラヴィダ系やモンゴロイド系などのさまざまの先住民族を〈敵《ダーサ》〉と呼んでその支配下においた。

アーリア人は、自然現象を神格化した火・水・風などのさまざまの自然神、さらに武勇神インドラ（帝釈天《たいしやくてん》）、司法神ヴァルナ（水天）などの擬人化された神々を祀った。彼らの宗教観は、前十二世紀から前五世紀にかけて作成された厖大な『ヴェーダ』聖典によって知ることができるが、神々への讃歌や神秘的な祝詞祈禱によって吉祥増益と呪詛調伏を祈願するところに大きい特徴があった。祭壇に火を燃やし、動物の犠牲や神酒ソーマを供えて、讃歌を謳い祝詞を唱え、戦争勝利、子孫繁栄などの現世利益を祈ったのである。

このように祭礼に絶対的な力があるとする祭式主義の思想が重視され、複雑な祭祀体系が作り上げられていった。それにつれて、それを主宰するバラモンを中心とする社会秩序が確立されていった。そして、前十世紀頃には、北インドのアーリア人居住地方を中心にカースト制の原型が成立したのである。『リグ・ヴェーダ』の最新層に属する「原人《プルシャ》の讃歌」の中では、太古の原人から四つの種姓、すなわち、口からバラモン（司祭）、両腕からクシャトリヤ（王族・戦士）、両腿《もも》からヴァイシャ（庶民）、両足からシュードラ（隷属民）が産まれたと述べている。この段階ではまだ不可触民制が出てこないが、文献上でもシュードラの一部が神々の恩寵の及ばぬ穢れた者とされているので、その萌芽はすでにあったと言えよう。

そして、上位の三ヴァルナは再生族であるアーリア人が独占し、一生族である先住民系がシュードラとされた。ヴァルナの原義は〈色〉であるが、色の白いアーリア人による色の黒い先住民族の征服が、ヴァルナ制（＝カースト制）の根底にある。つまり、〈征服―被征服〉が、そのまま〈差別―被差別〉へ転化したのだ。もっとはっきり言えば、カースト制は被征服民に対する差別から発している。

前五世紀頃には、バラモン教のコスモロジーの集大成ともいうべき『ウパニシャッド』が成立した。万物に遍在して神々を支配し宇宙を統御しているブラーフマンと、生命の本体としての生気であり自我をあらわすアートマン——この相即一致としての〈梵我《ぼんが》一如《いちによ》〉が、祭式主義の中心哲学となった。アートマンを本体とする各個人は小宇宙であって、自然界を統御する最高原理であるブラーフマン的大宇宙と対応する。『ウパニシャッド』は、さらに業《ごう》と輪廻《りんね》による宇宙論的運命論を説いた。

この思想の根底には、原始の時代からのインド亜大陸特有の霊魂崇拝《アニミズム》が潜んでいる。さまざまな前世の業が霊魂に付着するので、輪廻はやまないという五火二道説が広まった。この輪廻から自由になること、すなわち解脱《げだつ》が宗教的生活の究極の目標となった。そのためには〈梵我一如〉の真理を直観して、アートマンとブラーフマンを合一させねばならぬ。それを実現するには感官を制御し、欲望を捨て、無知蒙昧から脱して瞑想《ヨーガ》によって精神を統一せねばならぬ。——このような輪廻とそれからの解脱の思想は、バラモン教の根幹を成している。それはまた、その後に興隆した仏教、ジャイナ教、ヒンドゥー教に大きい影響を及ぼした。

人間平等を説いた釈迦

『ウパニシャッド』哲学が全盛の時代に、釈迦は今日のネパール・タライ平原の地に、小国を形成しているシャーキャ（Sakya）族の王子として生まれた。釈迦が生まれた頃にはバラモン教はすでにこの地にまで浸透し、カースト制部族社会が成立していた。釈迦は、抑圧と差別の上に安住している王子の身分に虚妄とむなしさを感じて、遂に家を捨てた。つまり、王権といさぎよく訣別して、あるべき真理を求めて乞食で生きる決意をした。（このシャーキャ族が、チベット・ビルマ語系かアウストロアジア語系の民族なのか、それともこの地まで早くから北上していたドラヴィダ系なのか、あるいは今日では多数意見であるインド・アーリア系なのか――その問題については考古学資料や人類学・民族学の研究の面でもさまざまの説があってまだ決着がついていない。私は非アーリア系ではないかと推量している。）

ここで原始仏典にみられる釈迦の教説について詳細に検討している余裕はない。大雑把になるがその根幹のところを簡明にまとめておこう。一口に言って、釈迦は、絶対者であり宇宙の最高原理である神の存在を認めなかった。したがって神の恩寵としての救済や、神格化されたカリスマ的救世主の出現を否定した。すなわち、バラモンの説く教義と原理的に対立していたのである。またアニミズムにもとづく霊魂説も認めなかったから、業による霊魂の繫縛《けばく》によって、霊魂は四界を輪廻して苦しみの生存を繰り返して永久に解脱できないとする宿命論にも賛成しなかった。もちろん、〈梵我一如〉といった形而上学的観念論にも反対であった。

いかに生き、いかに病いを克服し、いかに老い、いかに死んでいくか。そのあるべき道を惑《まど》わすのは、無知蒙昧と空虚な欲望である。そのような迷妄から脱して悟りをひらくためには、深い思慮、精神を統一する瞑想、真理を目ざす知識を欠くことができないと考えた。

釈迦は、目の前に展開されているアーリア民族の支配下での民衆の生活、その主流であるバラモンの祭式主義、古い民俗に根がある呪術信仰、四姓《カースト》制度による差別的秩序、あいつぐ戦乱による民衆の疲弊《ひへい》――これらの現実を見据えながら、人間の生き方・死に方について考えた。厳格な戒律によって日常生活を規制したり、心身の苦行を自らに課して大宇宙と小宇宙との相関合一をめざすことも一つの手段であろうが、それによって真の悟りへ到達するとは考えられない。神通力を信じてさまざまの秘儀や呪言を用いるバラモンの呪術信仰によっては、なんら問題を根本的に解決することはできない。そして、武力と王権によって世俗的秩序を支配しているクシャトリヤ――彼らの自己中心的で高慢な政治的権力と結びつけば、その利害関係にとらわれて真理を追求する道を見失うであろうと考えた。

〈諸行無常〉のこの世にあっては、因・縁・果の相互の依存関係を知ることが重要である。縁はエニシであり、この歴史的現実を構成する諸条件と諸関連である。自分が主体的に何を意志し、いかに行為し、われわれを取り巻いている諸条件・諸環境にどう働きかけていくか……。さまざまの苦難に出会いながら、人びととともに生き、ともに語り、ともに学び、ともに苦しみ、ともに悩む――〈一切皆苦〉、これこそ人の世の常である。それゆえに真実の法《ダルマ》を求めようとする人びとが集い、自らの体得した経験や知識を伝えながら励ましあって生きていかねばならぬ。釈迦はそのように考えていった。

このように釈迦は、悩み苦しむ多くの衆生とともに生きながら、バラモン教の説く絶対神による救済を否定し、個々人の自覚と行為によって悟《さと》りを得ることができると考えた。すなわち、その人の生まれ・種姓とは関係なく、誰でも真理に目ざめれば覚者《ブッダ》になれると、〈四姓平等〉〈万人成仏〉の道を明らかにしたのである。

もちろん、その縁起説によって明らかなように、個々人がアートマンのように孤立した実体として存在するのではない。それゆえに、その自利は利他行と結びついてはじめて実現できる。多くの衆生の救いとともにあって、はじめておのれも救われる。言い直せば、利他行の中でのみ自利の考えも生きる。自利に発しながらも、利他の思想に目覚め、利他行の中に自利が包摂されていくという弁証法的な考え方を釈迦はおしすすめていった。

いささか図式的になるが、釈迦の思想をまとめて言えば、反呪術信仰・反神祇信仰であり、反儀礼・反祭式主義であり、反権力・反王権思想であった。当然そこから帰結されるのは、業と輪廻によって人間の宿命を説き、カースト制差別の永遠性と合理性を根拠づけようとするバラモン教に対する根底的な批判であった。

生まれの違い、つまり種姓《カースト》の違いによって神の恩寵が生得的に異なる、神々への距離のバロメーターともいうべき《浄・穢》の多寡によってその属すべきカーストが異なる、しかもその属性は血統によって未来永劫に変わることはない――こういうバラモンの教説は、釈迦にとってとうてい容認できるものではなかった。

私はインドを訪れるたびに多くの前・不可触民地区を訪れたが、カースト制差別からの解放運動が積極的な民衆運動として組織されている地区はそう多くない。全インドの前・不可触民の人口は、一九九〇年代では一億二千万になるだろう。地区数は数万をこえるだろう。しかし、解放運動が組織されているのは、おそらくその三〇パーセント程度であろう。それとても、全国的な統一運動として組織されているわけではない。それも二つの傾向に大別される。一つは原始仏教を解放思想の依り所とするニュー・ブディズム運動であり、もう一つはマルクス主義的革命運動と連動している。

マドラスの南端にある小さな部落を訪れた時、彼らの解放運動の小さな機関誌「ダリッド・ボイス」を見せてもらった。その表紙には、最古の仏典の一つである『スッタ・ニパータ』の一節、「生まれによって賤しい人となるのではない。生まれによってバラモンとなるのではない。行為によって賤しい人ともなり、行為によってバラモンともなる」という有名な言葉が赤色で印刷されていた。その地区は、〈四姓平等〉の旗印のもとに、「原始仏教のよみがえり」、「仏陀の根本精神への復帰」を唱えて、ヒンドゥー教を捨てたニュー・ブディズムの指導者アンベドカルの影響下にある部落であった。

ヒンドゥー教と癒着した密教

今日、インドの数少ない仏教寺院を訪れるとすぐ気がつくが、建築様式はともかく、一歩境内に入ると、そこがヒンドゥー教の寺院なのか仏教寺院なのかすぐには見分けがつかない。今日のインドでは、仏教寺院は数少なく、そのほとんどが密教系の寺院である。それらの寺院では、釈迦がヴィシュヌの第九番目の化身とみなされ、他のヒンドゥーの神々とともに祀られているのだ。これがヒンドゥー教の傘の下に入って、今日まで細々と生き延びてきた密教系寺院の実相である。

仏教徒は、一九五一年にはわずか十八万だった。七一年には三百八十一万まで増えたが、それでも全人口の〇・七パーセントである。この増加はアンベドカルの新仏教運動によるもので、その大半はマハーラーシュトラ州の前・不可触民マハールである。数年前にデカン高原の南の裾をバスで走ったことがあったが、新仏教徒の村々では、その入口に釈迦の像とアンベドカルの小さな像があるのですぐわかった。

釈迦入滅後、保守派（上座部）と改革派（大衆部）に分かれ、両派内部はさらに分裂して二十部派といわれる部派仏教の時代になった。この頃は全インドに仏教が拡がった時代で、その推進力となったのが前三世紀のアショーカ王であった。

前一世紀に入ると、仏塔を中心に集まっていた在家信者を中心に、いわゆる大乗仏教の新運動が興隆して急速に広まり、数多くの大乗経典が作成されるようになった。旧来の僧院教団は、釈迦の教えと法の解釈に明け暮れ、出家者の悟りだけを問題にしていた。それに反駁した在家信者とその指導者たちは、釈迦を覚者《ブッダ》として讃え、その仏徳を信仰することによって、万人が成仏できるという新しい主張を展開した。解脱は、個々人の人間的資質や自力修行によってなされるものではなく、絶対的救済者の慈悲によると考えたのだ。衆生の心身を苦しめる煩悩やさまざまの罪障は、本人の精進や努力によって解決できるものではない。在家であれ出家であれ、〝利他〟の誓願を起こして修行する者はすべて仏の慈悲によって悟りをひらき救われると唱えたのである。簡単に言えば、これがいわゆる大乗系の主張であった。

大乗仏教は、それ自体として独立に存在する実体はないとする空の立場から縁起説を主張し、自己救済、すなわち〝自利〟を追求する旧仏教を小乗と呼び、〝利他〟を中心に衆生救済を唱えた。〝自利〟とは自らを利するの意で、努力して修道にはげみ、そこから得られる善き効果を自分ひとりで受けとることである。それに対して〝利他〟は、自分の利得のためだけではなく、すべての衆生の救済のために努力勉励して修道することを意味する。

いろんな主張があったにせよ、大乗系は〝自利〟と〝利他〟の思想を両立せしめて、〈一切衆生悉有仏性《いっさいしゅじょうしつうぶっしょう》〉という思想にまで結実したのである。このような思想的系譜は、釈迦の説いた仏教の根本義をそれなりに継承したものであったが、その反面で大乗仏教は新たな問題状況をもたらすことになった。それは釈迦の否定していた偶像崇拝、救済者の神格化という問題である。

すなわち、絶対的救世主としてブッダが神のごとく崇められ、釈迦はその化身であって真理（＝法《ダルマ》）を体現する法身とみなされるようになってきたのである。そして、文殊、弥勒、観音、普賢、薬師などが、ブッダにかわって慈悲を及ぼす偉大な菩薩として信仰されるようになった。極論するならば、いわゆる小乗仏教を行の仏教とすれば、大乗系は信の仏教になったのである。行と信がより高次の立場から統合されることなく——その努力はさまざまの立場からなされたのであるが——、そのままそれぞれの道を歩み始めたことが、急速に勢力を拡げつつあったヒンドゥー教に足元をすくわれることになってしまった。

釈迦の時代の原始仏教が無神論であったことは明らかである。だが、大乗仏教になるとブッダ信仰にもとづく一種の汎神論となった。そして、八世紀以降の密教になると、完全に有神論へと移行する。〈無神論〉→〈汎神論〉→〈有神論〉――このような教義の歴史的変遷をどう考えるかということは、全仏教史を通じて最大の重要問題であろう。

四世紀にガンジス流域にグプタ王朝が興ると、たちまちその版図を拡大して大帝国へと発展していった。そして、その支配の要《かなめ》となったのが、ヒンドゥー教とそれにもとづくカースト制秩序であった。旧来のバラモン教の核心を受け継ぎ、インド在来の多様な土着思想を吸収したヒンドゥー教が、クシャトリヤ勢力の支援のもとに急速に拡大していった。すでに二世紀に完成していたバラモンの聖典『マヌ法典』に見られるようなカースト制度は、この頃にインド全域に広まっていった。

ヒンドゥー教の優勢下に、〈一切衆生悉有仏性〉の思想を唱えてきた仏教は劣勢に追い込まれ、大きい岐路に立たされた。大乗の基本的立場が、カースト制差別の思想と相容れないことは明らかである。ヒンドゥー教と宗教の根本義をめぐって徹底的に抗争していくか、それともヒンドゥー教の傘の下に入ってなんとか延命していくか――残された道はこの二つであった。

密教については改めて論じるのでここでは深く立ち入らないが、釈迦にかわってマンダラの中心に位置する毘《び》盧《る》遮那《しやな》仏（大日如来）に、バラモン教の大宇宙原理であったブラーフマンの影を見ることができる。そのまわりにはヒンドゥー教の神々がズラリと並んでいる。真言や陀羅尼などの呪言、如来の三密による加持、護摩《ごま》を焚く祈禱などは、かつてのバラモン教の祭式主義に類似している。『金剛頂経』にみられる五部の思想と五相成身の思想にも、カースト制の観念の投影を見ることができる。インドの土着的思想から出てきたタントリズムと融合しながら、後期密教はその秘儀的神秘性をさらに深めていったが、それはまた、釈迦以来の仏教の独自の教義をほぼ完全に喪失していく過程でもあった。

空海の蝦夷観と天皇観

この密教が日本へ入ってきて、すぐさま朝廷と結びつき、鎮護国家思想として国家の手篤い庇護下に入ったことはよく知られている。日本における密教の思想的軌跡を全体的に明らかにすることは別の課題であるが、ここではとりあえず密教の導入の大立者であった空海について一言しておこう。もちろん、問題の終りとして論じるのではなく、問題の始まりとして空海の思想の一端を捉えるのである。

空海は、仏法と被差別民とのかかわりについてどのように考えていたか。その問題について、しばしば指摘されているのは『遍照発揮性霊集』の一節である。続篇の『補闕鈔』巻第九において、真言の弟子に対して大日如来のもとでの法を説いて次のように言う。

「若《も》し能く悟解《ごげ》し已《をは》るをば、即ち是を仏弟子と名づく。若し斯《こ》の義に違するをば即ち魔党《またう》と名づく。仏弟子は即ち是れ我が弟子なり。我が弟子は即ち是れ仏弟子なり。魔党は則ち吾が弟子に非ず。吾が弟子は則ち魔の弟子に非ず。我及び仏の弟子に非ざるは所謂《いはゆる》旃陀羅悪人なり。仏法と国家の大賊なり。大賊は則ち現世には自他の利無く、後生《ごしやう》には即ち無間《むけん》の獄《ごく》に入る。無間重罪の人は諸仏の大慈も覆《ふく》蔭《おん》すること能《あた》はざる所、菩薩の大悲も救護《くご》すること能はざる所なり。」（「高雄の山寺に三綱を択び任ずるの書」、空海全集第六巻、筑摩書房）

旃陀羅《せんだら》は梵語チャンダーラの音写であるが、『マヌ法典』にあるように、バラモン教の法を侵犯し穢れとされた不可触賤民をさす。彼らは「仏法と国家の大賊」であって、諸仏の大慈悲も及ばず無間地獄に堕ちるべきものと空海は断定しているのである。

しかも空海は、なぜ旃陀羅が無間地獄に落ちねばならぬのか——その問題については一切論証していないのだ。つまり、理屈抜きで「自他の利なく、後生には無間の獄に入る」と断定する。ということは、その生まれによって定まる生得的な罪業とみなしていたのであろう。無間地獄は、八大地獄の中でも最も罪業の重い者が落ち行くべき極苦の地下世界である。源信の『往生要集』によれば、その罪人は頭を下にして二千年もかかって落ちてくる。しかも、その苦しみは前の七つの地獄の苦しみより千倍も大きい阿鼻《あび》地獄である。

さらに注目すべきは、仏法と国家を等置する空海の論法である。古代や中世の世界において、武力による覇者が国家権力を掌握するのは東西の通例である。国家を建てると、覇道を王道に転化するために、天の予言・神の啓示・神話的虚構・英雄伝説などさまざまのイデオロギー的術策が講じられる。つまり、いろんな宗教的外皮をまとって、その支配の正当性と神聖な血統性を立証しようとする。政治力・軍事力による支配だけでなく、カリスマ的支配を永続化しようとするのだ。

そのような人為的営為と政治的工作によって建てられた国家、そこに君臨する王——それらが宗教の本義とどうかかわりあうかという問題は、まさにそれぞれの宗教の存立根拠を問う根本問題であろう。空海が唐を訪れた頃は、仏教は国家権力によって保護統制され、皇帝の側も護国イデオロギーとして仏教を利用した。『金光明最勝王経』をはじめとする護国三部経は大々的に活用されていたが、とくに真言密教系は不空の『仁王護国般若経』の漢訳にみられるように、その秘法によって国家と皇帝を護るという「鎮護国家」思想をはっきり正面に掲げていた。

一口で言えば、いずれの古代国家も、基本的には身分制を背景とする階級社会である。とくに侵攻してきた外来民族による征服王朝という性格が色濃い国家では、〈支配―被支配〉という政治的関係が、そのまま先住民族に対する〈差別―被差別〉という社会的関係と重なる。

そういう場合、〈支配―被支配〉〈差別―被差別〉といった問題に、仏教はどう対応するのか、いかに対処すべきなのか。〝自利〟を小乗とみなし、自らを〝利他〟の立場とする大乗からすれば、〈一切衆生悉有仏性〉の根本義からしても、これらの問題は看過できぬ最重要課題の一つであろう。

ところが空海は、そういう根深い重たい問題に切り込むこともなく、いとも簡単に仏法と国家を等置して、旃陀羅は「仏法と国家の大賊なり」と切って捨てる。巻九のこの一節は、空海の死後に弟子が偽作した部分ではないかという説もあるが、いずれにしても『補闕鈔』三巻（第八巻～第十巻）は、仁和寺慈尊院の済暹《さいせん》が編んだことだけはたしかである。彼は長治元年（一一〇四）には、高野山における弘法大師御影供の導師を勤めた真言密教の当時の代表的学匠である。かりにこの部分が空海作でないにしても、真言密教の伝統的思想体質と全く無関係に挿入された一節であるとは言えないだろう。

空海がこの旃陀羅大賊説の考え方を持っていたことは、全集第一巻の『野陸州に贈る歌』にもみることができる。これは陸奥守に任ぜられた友人の小野朝臣岑守に贈った詩であるが、そこにみられるのは先住民である蝦夷に対する徹底的な差別観である。冒頭から彼らを「戎狄《じゆうてき》」と呼んで、次のように述べる。戎も狄も、境外に住む野蛮な異民族をさす。

田せず衣せず　麋鹿《びろく》を逐《お》ひ
晦《くわい》も靡《な》く明も靡く　山谷に遊ぶ
羅刹《らせつ》の流《りう》にして　人の儔《ともがら》に非《あら》ず
時時《じじ》　人の村里に来往し
千万の人と牛とを殺食す

北辺に住む蝦夷を、空海は羅刹（＝悪鬼）と呼び、人間の仲間ではないと決めつける。千万人を殺したというがはたしてそうか。先祖代々住んできた故郷を蹂躙《じゆうりん》され、その土地を奪われ、多くの仲間が殺されたのは蝦夷の人びとではないのか。彼らは野蛮きわまりない「戎狄」として描かれているが、これと同じ描写は巻第三『伴按察平章事の陸府に赴くに贈る詩』にもみられる。

そこでは、蝦夷について「人面獣心にして、朝貢を肯《がへん》ぜず」と述べている。そして、彼らを「犲心蜂性《さいしんほうせい》」と呼ぶ。つまり、おおかみの心と蜂の毒針のように人を刺す性《さが》を持った獣人であると言うのだ。人間を描写するのに、これ以上の罵詈《ばり》讒謗《ざんぼう》はないだろう。

当時の蝦夷は、東日本の落葉樹林帯を背景に、すぐれた新石器文化を築いた縄文人の末裔であったとみられている。日本列島の考古学資料でも特筆すべき青森の亀ヶ岡に代表される東北地方の遺跡群は、まさしく後期縄文文化を代表する卓抜な文化遺産である。

この列島の最初の住民は数万年以上も前にやってきた旧石器時代人であり、彼らと深いつながりのある縄文人こそわれわれ日本人の直接の祖先であった。もちろん、その頃には、後にヤマト王朝を建てた自称・天孫族の姿はどこにもなかった。北方系騎馬民族から出たいわゆる天孫族が、この列島へ新たな侵入者《インベーダー》として闖入《ちんにゅう》してくるのは、縄文時代後のことである。

畿内を拠点に西日本の覇権を握ったヤマト王朝は、最後まで抵抗を続ける北の蝦夷や南の隼人を王化に浴さぬ「化外の民」と呼び、強力な征討軍をさしむけた。空海はそれと全く同じ思想的位相から、彼らを「人面獣心」と決めつけ、「羅刹の流にして人の儔《ともがら》に非ず」と断じたのである。征服王朝の指導者・軍人ならばいざ知らず、かりそめにも〈一切衆生悉有仏性〉を説く仏教徒の口にすべき言葉ではなかろう。しかも、じかに蝦夷の生活や文化に接したこともないのに、まるで見てきたように冷然と語るのである。これがはたして、仏の大慈悲を説く覚者の語るべき言葉であろうか。

その反面で、空海は歯の浮くような美辞麗句を重ねて天皇の仁徳を讃美する。例えば、

「今上陛下、体は金剛を練し、寿は石劫《しやくこふ》よりも堅からん。無為垂拱《すいきよう》にして北辰を天長に争ひ、無事明哉にして南嶽と将《とも》にして地久ならん」（同、巻第六）といった調子である。蝦夷を「豺心蜂性」「人面獣心」と決めつけて、すぐあとで天皇を「今上乾坤《けんこん》を徳と為し、仁義心に具《そな》ふ」と賛える。（同、巻第三）

一方は聖なる〈天皇〉、他方は卑賤視された〈蛮人〉——このように隔絶された身分であるにせよ、同じ人間であるぐらいの認識は空海も持っていただろう。同じ人間でありながら、一方が征服者、他方が被征服者であるというだけで、これほどまでに差別的に対応できるということが、私には奇妙に思えるのだ。もちろん、このような断片的ノートをもって空海の思想の全体像を云々することはできないことは百も承知している。しかしながら、一方は絶対的権力を持ち神と崇められる天皇、他方は故郷を追われ化外の民として討伐されていく辺境の民——それぞれに対して一宗教者としてどのように対応したかということは、その思想の全体像を探るうえで看過できぬ大きい問題であることは間違いない。

（『仏教』89・5）

仏教とヒンドゥー教——カースト制国家・ネパールを訪れて

この十数年、何回かインドを訪れて、仏教とヒンドゥー教の宗教史上の相剋と融和について、カースト制度を中心に考えてきた。

インド亜大陸で形成されたこの二つの宗教は、二千年にわたってアジアの各地に深い影響を及ぼしてきた。日本列島にも中国を経由してその波動がやってきた。密教という形態で両者が抱き合って入ってきたのだ。

空海、最澄によってもたらされた密教は、よく知られているように、すぐ朝廷と結びついて鎮護国家貴族仏教となった。日本の密教は、ヒンドゥーの神々やその浄化儀礼を大きくとりいれていた。この密教に内包されていた浄穢観《じょうえかん》が、カースト制に酷似した差別を日本に産みだす大きな糸口になったというのが、私の年来の仮説であった。

この冬、ネパールを訪れた。ネパールも、インドと同じく多民族・多カースト国家である。その先史時代は、今なお神話的伝承の霧の中にあるが、本来は仏教徒であったチベット・ビルマ系の先住民族の地である。ネパールのタライ平原に生まれた釈迦にまつわる伝説や、深く仏教に帰依《きえ》した前二世紀のアショカ王の話が今も伝わっている。〈四姓平等〉を説き、ヒンドゥー教の種姓差別と正面から対立した仏教徒の間には、もともとカースト制思想はなかった。

ところが、インドを征服したコーカサイド系騎馬民族であるアーリア人がネパールへ入ってくるにつれて、彼らのたずさえてきたヒンドゥー・カースト制が広まった。先住民族の王たちも、仏教よりもヒンドゥー教を選んだ。M・ウェーバーが『ヒンドゥー教と仏教』で指摘したように、王統という血統カリスマ——その多くは歴史の偽造である——を支えるには、カースト制がもっとも適していたのである。

先住民系の王朝と推定されるマッラ王朝はヒンドゥー教徒になっていたが、それも十八世紀にアーリア系のゴルカ王国に倒された。世界で数少ない欽定憲法下の絶対君主としても今も君臨している現シャハ王家はその直系であって、したがってヒンドゥー教が実質上の国教となっている。

だが十八世紀までは、仏教徒であった先住民族ネワール族の文化がネパールを代表していた。インドとチベットを結ぶ交易の中継地であったカトマンズ盆地を中心に、パタン、バドガオン、カトマンズの三都があった。十四世紀に築かれたその都市景観は、世界建築史・美術工芸史からみても素晴らしいものがある。

これらの古都を築いたネワール族の職人の町キルティプルは、ヒンドゥー・ゴルカ勢力の侵攻に対して最後まで徹底抗戦してついに敗れた。住民はみな鼻をそがれ、低カーストにされたと伝えられている。中世都市の面影を残し、そのまま社会の底辺に沈んだようなセピア色の町キルティプルは、世界の町でも私の最も好きな町の一つである。

ところで釈迦は、ネパールの南端のルンビーニで釈迦《シャーキャ》族の王子として生まれた。心やさしく思慮深い人間だったので、抑圧と搾取の上に成り立つ王制の中に生きることに耐えられなかった。ついにその身分を捨て、真理を求めて乞食《こつじき》で生きる道を選んだ。釈迦族はモンゴロイド系かアーリア系か、学問的にはまだ結着はついていないが、私は前者ではないかと考えている。

原始仏教は釈迦の死後、大乗と小乗に分裂した。仏教の衰退に直面してヒンドゥー教の傘の下で生き延びようとした部分は、アーリア文献ベーダに出てくる女性の霊力（性力）崇拝や土俗の神秘的瞑想法（ヨーガ）をとりいれて、呪文や秘儀を重視する密教となった。ネパールの仏教も、密教系として辛うじて残った。ヒマラヤを越えてチベットに入った大乗教は、土俗信仰ボン教と融合して密教色の強いラマ教となり、ネパールへも還流してきた。

ヒンドゥー系王朝の支配とともに、ネパールの先住民族の間にもカースト制は広まった。数の少ない先住民系の小部族《トライブ》が、丸ごと低位のカーストにされた例もある。ネワール族の多くは職業カーストとしてシュードラにされ、その一部は不可触民として賤業を押しつけられた。彼らはおもにキヨメの仕事を押しつけられ、その住居は町はずれにある。もちろん、上位カーストとの社会的な交際は一切ない。だが、シェルパ族のようにヒマラヤ山系に住んでいる高地民族の村々まではヒンドゥー教は浸透しなかった。理由は簡単だ。二千メートル以上の高地では、アーリア系は肉体的にも生活的にも適応できなかったからである。

第二次大戦後、ヒンドゥー教に改宗する仏教徒が増えたが、やはり仏教徒では出世できないからだろうか。一九六三年には法制上カースト制は廃止されたが、不可触民差別は昔と変わらず、その職業選択の道は閉ざされている。古都パタンの裏町で仏教寺院に入った。一見してヒンドゥー教寺院と区別がつかない。中庭へ入ると皮靴はいかんと大声で注意された。なるほど掲示板には数ヶ国語で「皮類を持って入るべからず」と記されていた。

カトマンズの東にシヴァ神を祭る古い寺院がある。ガンジスの上流になるその河畔に火葬ガートがあるが、カーストによって焼き場が異なる。低カースト用の焼き場の薄暗い一隅に住み着いたヨーガ行者が、子供たちに説教していた。その凄味のある低い地声は、日本中世の説経節を聞いているようだった。彼らも物乞いで生きる放浪者として、今では下層の賤民とみなされている。やがてヨーガを始めたが、年老いているのでなかなかうまくいかない。傍観者として立っていた私も、彼の念力が通じることを願いながら、その苦しそうな形相を見守っていた。

（『毎日新聞』89・2・17）

III 底辺に生きた人びと

日本文化の地下伏流——日本の芸能史における〈聖〉と〈賤〉

門付芸の終末

ここ十数年来、できるかぎりの機会をえて、各地の被差別部落を訪れた。近畿をはじめとして、中国、四国、九州の各地を歩き、訪れた部落は数百に達するだろう（以下部落は被差別部落をさす）。数回にわたって訪れた地区もいくつかある。史料をみせていただいたり聞き取りをさせてもらうのだが、史料が残っていない場合が多いので、古老の話が貴重な証言となる。

苛酷な差別をうけながら、部落の人たちはどのように生き抜いていったのか。日頃の生業《なりわい》は何であったのか。賤民として近世社会ではどのような役負担を強制されてきたのか。それぞれの部落にはどのような民俗や文化や信仰が伝わっていたのか。——そういった問題をすこしでも明らかにしたいというのが私の目的であった。被差別民が担ってきた産業技術については別稿でまとめることにしているので、ここでは部落を中心に、各地の被差別民が従事してきた芸能について、実施調査にもとづいてそのいくつかを報告しておこう。

改めて言うまでもないことだが、日本文化史に大きい足跡を残した中世から近世にかけての《賤民文化》のありようが、そのまま今日の部落に残っているわけではない。各地の役者村・芸能村と呼ばれた小さな集落を回っても、もはや過ぎ去った日々の跡かたもなく、祭りのあとのわびしさに似た、もの悲しい終末の気配が漂っているだけである。

ところで、芸能にかかわってきた被差別民の集落の場合、そのかかわり方は大別して二つある。一つは、他の生業を営みながら、正月などに万歳・春駒・大黒舞・獅子舞などをもって回り、門ごとに祝言を唱えて歩いていたいわゆる門付芸能である。人形舞わしのように専門的技能が必要なものはなかば専業でないとできないが、春駒や大黒舞のような祝福芸はハレの日かぎりのものだから、日頃いろんな雑業に従事していた者が、臨時に芸能者に早替りしてやることもあった。

そういうように、ハレの日にはなくてはならぬものとして民衆に親しまれてきた門付芸も、明治維新後の近代化で都市文明の波がおし寄せてくるとしだいに地方文化の片隅に追いやられていった。それでもまだ、第二次大戦前まではなんとか生きのびてきた。戦後でも、一九五〇年代の初頭までは、気息奄々《きそくえんえん》ではあったがまだ各地に残っていた。しかし、六〇年代に入って、戦後の高度成長の波がおし寄せてくると、とうとう歴史の闇の中に消えていった。

古態《こたい》をそのままとどめた新年の祝福芸で、最後まで生きのびたのは、私が調べた限りでは、人形《デコ》舞わしである。大江匡房の『傀儡子《くぐつ》記』は十一世紀末の記録であるが、人形をもって諸国を巡業した傀儡子たちが、西国を中心に各地にいたことがわかる。そういう古い伝統をもつ人形舞わしが、阿波や因幡では一九七〇年代初頭まで見られたのである。しかし、その伝統を一身に担ってきた古老がこの世を去るとともに、その門付芸もこの世から姿を消したのであった。

鉢屋と芸能

もう一つの形態は、集落全体といわぬまでも、そのかなりの部分が一座を編成して各地を巡業して回っていた場合だ。もちろん、大都会のハレ舞台に出ることはない、しがない旅芸人の一座である。

こういうように一座を組んで巡業する場合は、農業などの日頃の生業の片手間にやるというわけにはいかない。たんなる素人芸では、観客は集まらない。幕末の頃には、各地の農村ではいわゆる地芝居がさかんで、農民たちも歌舞伎や人形浄瑠璃の有名な名題はよく知っていたし、村々に芝居小屋もつくられていたのである。したがって、一座を編成する場合には、どうしてもプロフェッショナルとしての演技と舞台装置と衣裳が必要だった。旅芸人の一座といえども、専業の芸人としての修練を積んでいたわけで、いろんな道具や衣裳をいれた荷車を押しながら町から町へ、村から村へと回ったのであった。こういう一座が出た集落が、「役者村」と呼ばれたのであった。

江戸時代の末期には、このような役者村から出た一座が各地を巡業して回っていた。おもに歌舞伎と人形浄瑠璃を演じたのであるが、そういう旅芸人の座はいつ頃からあったのか。史料的にその起源を明らかにすることはほとんど不可能である。その昔の役者村を訪れても、まとまった史料はほとんど残されていない。私が見た限りでは、その最も早い史料は鳥取藩の元禄時代のものである。

その大要は私の『日本民衆文化の原郷』（一九八四年、解放出版社。後に文春文庫）で詳しく紹介してあるのでここでは省略するが、かいつまんで言えば元禄七年から九年にかけての史料で、山陰地方の被差別民であった「鉢屋《はちや》」たちの願書が残っている。「米子鉢屋渡世難成《ナリガタキ》ニ付、御当地之罷越《マカリコシ》、操仕《アヤツリシ》度旨《タキムネ》願ニ付……」とある。

元禄七年は一六九四年である。近世に入ってからまだ百年も経過していない。この文書は、倉吉、米子、松崎に住んでいた鉢屋からの願書である。「操」とは人形《デコ》舞わしのことである。元禄九年の史料には、「松崎之鉢屋、松崎近辺ニテ歌舞伎十七日奉願御免被成事」とあるから、鉢屋たちは歌舞伎もやっていたのだろう。

これらの町村は、とくに鉢屋が多かった地域である。彼らの生活が貧しくて、いかに「渡世難」であったか、この文書からもうかがわれる。それはさておいて、この元禄の時代に、操や歌舞伎の興行を願い出るほどの芸能的力量を、彼らがすでに持っていたことをこの文書は明らかにしている。たぶん彼らは、中世末の時代から門付芸や大道芸としてデコ舞わしをやり、その基盤の上に歌舞伎を上方《かみがた》から導入したのだろう。

鳥取藩の歴史を調べてみると、他の藩と同じく身分制の底辺に穢多・非人がおかれているが、とくに注目されるのは鉢屋の存在である。彼らは、時宗の流れを引き、京都の極楽院空也堂《くうやどう》を本山とする「空也僧」の一派とされる賤民であった。西国を中心に全国に空也念仏僧が分布しているが、とくに山陰地方に多かった。そこに居住する念仏聖《ひじり》が鉢屋と呼ばれたのだ。彼らは、「百姓町人と対等の交渉はなく、町村の端々《はしばし》に群居し、竹細工を業とす。根帳・五人組・宗門改など穢多に同じかりき」と『藩史』に出ている。

彼らは、鉢を叩きながら念仏を唱えて門付けして歩いたので、鉢叩き、鉢ひらきとも呼ばれた。鉢とは、僧尼が持参する食器のことである。そこから、「鉢を開く」とは托鉢《たくはつ》して回ることを意味した。瓢簞《ひょうたん》を叩くこともあったのであろうか、京都の空也堂には、古い瓢簞がたくさんおいてあった。正月になると、念仏を唱えながら、竹細工でつくった茶筅《ちゃせん》を藁《わら》の苞《つと》にさして売り歩いたので、とくに山陽道では「茶筅」とも呼ばれた。彼らは、空也上人（九〇三〜九七二）以来の伝統的な信仰を持ち、漂泊の念仏聖の系譜を引くことを誇りにしていた。念仏踊りを特技としたから、中世の時代から芸能にゆかりのある賤民であった。

役者村の歴史

　さて、近世芸能の花形であり江戸文化を代表する歌舞伎であるが、先にみたような旅興行の一座はどのように位置づけられるのだろうか。明らかに賤民芸能の系譜を引く「役者村」の一座は、近世文化史の上でどのような役割を担ってきたのだろうか。

　一口に言えば、近世の歌舞伎芝居は、三層構造で成り立っていた。上層にあったのは、京、大坂、江戸のいわゆる三都の町奉行から櫓《やぐら》免許を得ていた、天下公認の大芝居である。中層にあったのは、神社や寺院の境内で興行した小屋がけの芝居、いわゆる宮地《みやち》芝居である。興行は百日に限られていたので百日芝居とも呼ばれたが、見物席には屋根がなく、櫓、回り舞台、引幕は許されなかった。低料金なので繁昌したが、天保の改革で全国的に取払いを命ぜられて断絶した。それよりもさらに下層にあったのが、「役者村」から出た旅回りの一座であった。

　大芝居の役者たちは、あとでみるように近世中期からいちおう脱賤化したとはいえ、もともとの出自は「河原乞食」であると、つねにさげすまれてきたのである。役者たちは、時代の花形役者として浮世絵に描かれた。庶民の人気が高くても、しょせん自分たちは〈悪所〉に囲い込まれた「人外者《にんがいもの》」「制外者」であるという意識は頭から離れなかった。四世市川団十郎の「錦着て　た、みのうへの　乞食かな」という有名な句は、その河原者意識をはっきりと現わしている。

近世の歌舞伎は、享保、寛政、天保と幕政の大改革が行なわれるたびに弾圧をうけてきたのであるが、天保期には、三座の大芝居もついに浅草猿若町へ強制移転を命ぜられた。穢多頭弾左衛門の敷地と非人部落に隣接する土地である。かくして浅草の地に、典型的な〈悪所〉が形成されたのであった。

役者たちは居住地を制限され、深編笠の着用を強要され、武士や町人との交遊も一切禁じられた。役者の代表格であった七代目団十郎は、身分をもわきまえず「奢侈《しゃし》僭上《せんじょう》」の科《とが》をもって、みせしめのために手鎖をされて江戸から追放された。

旅回りの一座の役者たちは、なかには大芝居に劣らぬ名優も出たのであるが、流浪の旅をつづける漂泊芸能者として賤視された。彼らは、たとえば夙（宿）のようないわゆる雑種賤民と同じ身分としてあつかわれ、通婚も自由ではなかった。役者村は、役者村同士の結婚であって、農民や町人との通婚は全くありえなかった。

近代化の波に直面して、彼らの前途は多難であった。その芸術性の高さで近世演劇史に名をとどめた播州の高室《たかむろ》芝居にしても、なんとか維新以降も生き抜いてきたのであるが、それも第二次大戦後に終焉の日をむかえた（寺河俊人『播州歌舞伎の主役たち』一九七八年、日本放送出版協会）。

中国から九州にかけてもいわゆる役者村は多数存在した。なかでも、長門の川棚役者、豊前の中津役者、筑前の植木役者、泊《とまり》役者、芦屋役者などは、近世からの記録も残っていてその活躍ぶりが知られている。とりわけ、川棚役者の中心的存在であった「若嶋座」の座元兼座頭であった若嶋梅三郎の巡業日誌が発掘されて（日本演劇学会編『歌舞伎の新研究』一九五三年）、地方巡業の旅役者一座の実態がはじめて明らかにされた。

一九六〇年代末の調査だが、庵谷巌《あんざこいわお》の『北九州役者村』という力作がある（角田一郎編『農村舞台の総合的研究』所収、桜楓社）。長州、筑前、筑後、豊前、豊後などあわせて十一の役者村の実地踏査である。しかし、これらの役者村は、「いずれも転退してほとんど何の遺物も止めない所が多い」と記されている。

私も豊後の高田散所歌舞伎や北原人形芝居の調査に行ったことがあるが、高田では、当時の豪華な舞台装束と脚本が残されていた。手書きの脚本もあった。その一座の故郷である馬場尾も訪れたが、その山深い里に残っている古い供養塔をみて、どうやら中世の三昧聖《さんまいひじり》の系譜をひいているのではないかと思った。北原の場合は、村の原田神社に奉納される「万年願」にその姿を僅かにとどめている。郷土史家のすぐれた研究もいくつかあるが、島通夫の『北原人形芝居おぼえがき』(『大分県地方史研究』第七号、一九七五年一月刊)は、興味深い記録である。

筑前の芦屋《あしや》の役者村は、空也上人にしたがって西下した九品《くほん》念仏の徒に始まったという古い由緒を持つ。近世初期が始源と考えられているが、幕末の最盛期には三座編成で百数十人の役者を抱えていた。明治期に入ってからアメリカまで興行に出かけた。芦屋役者についての古い文献は、福岡藩の藩儒であった貝原益軒(一六三〇〜一七一四)の『筑前国続風土記』である。そこでは、「唯《ただ》歌舞を以《もつ》て其業とし、四方に遊行して淫靡《いんび》の音楽をなし、俗を悦ばしめ人に餬《もら》ふ。また傀儡の舞をもなさしむ」とある。

この芦屋役者村の明治に入って転退するまでの記録は、野間榮の『芦屋歌舞伎ひろい書』(芸双書10、『かぶく』所収、白水社)に詳しい。その中で、次のような古老の想い出話が紹介されている。

「あたしが役者をやめた頃は、まだ芝居の役者は世間から乞食かなんぞのように、さげすまれておったんです。芝居の座を解散にふみきったのも、これが一番の原因ですたい。そん時、あたし達は先祖が役者やったということを、断じて隠し通そうと誓うて、衣裳や小道具、書きものなんかを残らず処分してしもうたんです。それは明治三十六年のことでした。」

各地の賤民史を調べると、「説経村」、「ささら村」、あるいは「陰陽師村」、「役者村」と呼ばれていた小集落が各地にある。そのほとんどが、専業ではない場合も多いが、なんらかの形で芸能に従事していた。これらの小村が、近世に入って突然芸能をやり出したとは考えられない。その起源はもっと深く遡れるのではないか。中世起源の雑芸能を基盤として、門付芸・大道芸をやりながら、江戸時代には歌舞伎や人形浄瑠璃の領域にまで進出して、ひろく民衆生活の中に入っていたのではないか。ハレの日に、ことほぎの寿詞《よごと》を述べ祝福の舞を添える祝言人として、年中行事においても欠くことのできない役割を担ってきたのである。彼らの多くは雑種賤民として扱われたが、その一部は伊勢の「ささら」のように穢多身分に編入されて今日の被差別部落になっていった。

瀬戸内の被差別部落

もう十年も前になるが、瀬戸内の大崎下島を訪れた。瀬戸内の多島海の島々には小さな部落がたくさん点在している。芸予諸島だけでも、近世には数十の部落があった。そう大きくない島々に、なぜこんなに部落があるのだろうか。その成立の起源と歴史はまだはっきり究明されていない。一向一揆救援にはせ参じ、のちに織田・豊臣政権によって潰滅させられた瀬戸内の村上水軍となんらかの関係があるのではないか。そういう予測をたてて、私はそれ以後も芸予諸島を何回も訪れた。

さて、この下島の中心的集落は天然の良港の大長《おおちょう》村であった。寛永十五年（一六三八）の検地帳には「かわた」屋敷がたったの一軒であるが記録されている。江戸時代には、この周囲二十キロメートルほどの小さな島に、四つの部落があった。しかし、明治中期の頃には二つになってしまった。機帆船の発達によって北前船が入港しなくなったので、海港にかかわる仕事がなくなってしまい、ここで生活していくことができなくなってしまったのだ。

大長港から峠を越えて南下すると、中世以来の古い港である久比《くび》之浦がある。中世末の小早川水軍と深いかかわりのある土地である。そこにも十数戸の部落がある。この部落は、村境の崖路に住まわされて、役負担としては警吏役を強制されてきたのであるが、それに関する資料も地区内のささやかな資料館に保存されている。港町の警固と沖合警備をやらされてきたのだが、その資料館には村上水軍ゆかりの武器である「やがらもがら」も保存されている。秀吉の朝鮮侵略のさいに瀬戸内の海民も多数動員されたが、それに従った漁師には漁業権が認められ、それを拒んだ漁師には漁業権を与えられなかったようだ。最後まで村上水軍として旗を降ろさなかった海民たちの一部が、結局のところ被差別部落として囲い込まれたのではなかろうか。

この部落は、日頃の生業としては、幕末の頃から自分たちの小船で海上輸送の仕事もやっていた。砂や岩を積んで激しい潮流を横切って四国や本州まで運ぶのだから、よほど操船に熟練した海の民でないとできない仕事である。島の特産品は明治期からはミカンであったが、部落はミカン山は持っていなかった。小石を集めて石垣積みをやってミカン山を造成する仕事もやった。

六人の古老に集っていただいて、いろいろ想い出話を聞かせてもらった。そのうちの何人かは、今ではもうこの世にはおられない。そのひとりの八十三歳の古老から、祖父から伝えられたという昔話を聞いた。古老の祖父であるから幕末前後の話である。それによると、正月には千秋万歳に出ていたこと、近くの御手洗《みたらい》港に歌舞伎興行がやってきたときには、舞台で使う小道具をこの部落まで借りにきたこと、村人からは部落の人たちは〝勧進《かんじん》〟と呼ばれていたこと、そういった話を聞くことができた。御手洗港は、北前船の風待港・潮待港として近世中期から賑わった美しい港である。

帰ってから調べてみると、さきに述べた「若嶋座」の日誌に、この御手洗港で興行した記録が残っていた。幕末の絵図を調べてみると、港のはずれに芝居小屋があった。もちろん、小道具を借りにきた役者が、この一座のものであったかどうかはわからない。

神武天皇陵と洞部落

大和の大久保部落は、何回も訪れた。現在は畝傍山の山麓にある神武天皇陵のすぐ前にあるが、もとは洞《ほうら》部落といって山腹にあった。旧大和の国には、八十をこえる部落がある。その中でもこの洞部落は、中世以来の古い歴史のある部落の一つと言われている。

だが、その祖先以来の土地も、神武天皇陵の神域を見下すところに部落があるのは畏れ多いとの理由もあって移転させられ、山腹の三万坪の土地から六千坪の低い湿地帯へ立ち退かされたのである。移転したのは、米騒動で全国の部落民が決起した年、すなわち一九一八年であった。

神武天皇の存在そのものが神話的仮構であるが、この御陵なるものも荒れ果てて訪れる人とてなかったのだが、幕末の尊王論を背景に急いで修復された陵墓である。——天皇陵と被差別部落、日本史の深層にあった〈貴—賤〉の関係がこれほど象徴的にオモテに出ている所は数少ない。

もう十数年も前になるが、天皇陵の中へ入り、まだところどころに礎石の残っている部落の跡地を偲んだ。きれいな湧水の出る日当りの良い景勝の地である。村民が愛用した井戸もまだそのままである。かつての集落跡も草茫々であるが、すこし土を掘ると瀬戸物のカケラなどが出てくる。まわりは雑木が生い茂っているが、その中にひときわ高くそびえている棕櫚《しゅろ》が混じっている。この部落も農業が主たる生業であったが、それだけでは食べていけないので、棕櫚表や棕櫚箒なども生産していたのである。その棕櫚だけが取り残されて、昔の姿をそのままとどめているのだ。日当りも良い静かな傾斜地である。「御陵林ヲ負ヘルヲ以テ日当リ悪ク、下駄表ノ乾燥ニ困難ナルコト」という移転の理由書は、いいがかりにすぎないことがわかった。

その帰途、この部落にも旅回りの一座に参加していた古老が健在であると聞いて、まえぶれもなしにおしかけた。この七十五歳の老婦人が参加していたのは、四十人ばかりで編成された一座であった。戦前の水平社大会の会場として利用されたこともある、すぐ近くの飛騨部落の劇場が一座の根拠地であった。話は敗戦直後のことであるが、時代の変化にあわせて、歌舞伎も三尺物も現代劇も、つまり何でもやったそうだ。部落出身者が多く、巡業するところも各地の部落にある小さな芝居小屋が主であった。歌舞伎もやったということは、戦前からのなにがしかの伝統をひきついだ一座であったのだろう。しかしそれも、戦後の波にのみこまれて、まもなく解散した。

この大久保部落にも、古い芝居小屋がまだ残っているというので見にいった。使用しなくなった小屋は、住宅難であったから四つに仕切って住居に転用されていた。数十人収容できる板ばりの朽ち果てそうな芝居小屋が、夜の闇のなかにひっそりと立っていた。

この大久保部落、つまり旧洞部落は、移転してからはほとんど田畠がないので、靴製造などの履物生産に力を入れてきた。手縫靴のすぐれた専門職人が多いので有名だった。しかし、第二次大戦後は、機械化された資本の大量生産に押されて、手縫靴の市場はだんだんなくなっていった。私が最初に訪れたのは七〇年代のなかばであったが、その時はすでに青息吐息でもう何人かの職人が残っているだけであった。生活が苦しいので御陵前やすぐ隣りの橿原神宮前にタコ焼・お好み焼などの屋台を出す家が増えてきたが、それも神武陵にえらい方々が参詣にくるたびに、高貴の方のお目にとまると見苦しいという理由で追い払われた。そう言って、おばちゃんたちは嘆いていた。

伊勢神宮と賤民芸能

伊勢地方の部落も何回か訪れたが、ここはやはり伊勢神宮との関係で考察しなければならない。明治四年（一八七一）に「解放令」が出た時でも、伊勢での差別の実態は物凄い。今まで使用していたかまどは全部こわして火を改め、家内は煤払《すすばら》いし、子供に至るまで全員川で身体を清めよと書いてある。そういう通達が公文書で出ている。江戸時代では、穢れとされた者はもちろん神域には入れないし、皮製品を持って入ることも禁じられていた。僧侶も葬送に参加するので、死穢にかかわるというので僧形での参拝を禁じられていた。

次の史料は有名なものであるが、文化九年（一八一二）に京都の三条天部村の穢多二十一人が伊勢神宮を参拝しようとして、二見浦の宿に泊った。ところが、身分がバレてしまった。そうすると当日同じ宿屋で合火した者は二十一日の禁忌《きんき》、その二十一日の禁忌の者と合火した者は七日、その七日の禁忌の者と合火した者は当日の禁忌を命じられた。穢多の飯を炊いたかまどはこわして、使った食器類は土中に埋めろという命令も出ている。合火というのは、同じかまどでメシを食べることである。伊勢神宮は天皇信仰の中心で最も清浄たるべき聖域であり、したがって穢れを忌《い》み嫌うところだという意識が背後にあったから、こういうきびしい処置がとられたのだ。

穢れや禁忌に関しては、幕府も詳しく規定した法令を何回か出している。甲穢↓乙穢↓丙穢というように、ケガレの伝染を恐れた中世の触穢思想と同じであって、こういう思想はヒンドゥー教のカースト制と根源は全く同じである。前二世紀頃から作成されたバラモンの聖典『マヌ法典』に出てくる「穢忌」の規定の引き写しみたいなものだ。平安中期の九二七年に完成された『延喜式』にもこれとほとんど同じ条項があるが、それが江戸末期でもそのまま生きていたのである。

伊勢の被差別部落を訪れたさいに古老に案内してもらったが、神宮の神馬が死んだ時に埋める墓地がその地区内にあった。そこに埋める時には、人目につかぬ深夜に神職たちが足音も立てずに埋めにくるのだそうだ。四隅に石柱があって、部落内でそこだけが神宮領になっている。「この民主主義と人権の時代になっても、まだこんなことがそのまま残っているんですよ。これもこの地区の解放運動が弱いからなんですよ」とその古老は語っておられた。

三重県津市の阿漕《あこぎ》ヶ浦は、謡曲『阿漕』の在地伝承の地としてよく知られている。このあたりは田畠に乏しく、もともと漁労・海運・製塩を業とした海民集団の地であり、またこのあたりには伊勢神宮領として数多くの御厨《みくりや》や御園・神田があった。御厨とは、神に捧げる魚介類を調達するために設けられた特別の所領である。『源平盛衰記』にも「彼《かの》阿漕の浦には神の誓にて、年に一度の外は網を引かずとかや」とあって、古代から神宮に神饌を奉るための贄《にえ》場であり、きびしい禁漁区として知られていたのである。

ところで謡曲『阿漕』では、「憂《う》き世を渡るあたりの海士人《あまびと》、この所に漁《いさ》りを望むといへども、神前の恐れあるにより、堅く戒めてこれを許さぬところ……」とある。ところが「夜々忍びて網を引く」漁師があって、ついに見つけられて捕縛されてこの浦の沖に沈められた。この「阿漕伝承」は、歌舞伎や人形芝居としても劇化されて有名になった。その主人公は阿漕平次とされ、母の病を治すために殺生禁断の海に網していたが、ついに露顕して簀《す》巻きにされて生きながら沈められた。かくして、哀れな親孝行の海人の物語として、この阿漕平次伝承は語り継がれてきたのであった。

つまり、海人の悪業説話が「孝子伝説」につくり替えられているのである。十五世紀前半に成立したとみられているこの謡曲の作者は世阿弥とされていたが、昨今ではこれを疑問視する研究もある。それはさておいて、本曲でも「憂き世を渡るあたりの海士人」とあるように、殺生戒を犯す漁師たちにとっては、この世は「憂き世」であるという認識を前提において本曲が構成されている。殺生戒を犯し、さらに神聖な神宮の禁漁区で網を引いたという二重の罪科を犯したこの哀れな漁師は、どうみても堕地獄であって、仏の慈悲も及ばぬところというのが一般的な通念であった。

ところが本曲は、その哀れな漁師にも仏の慈悲の手がさしのべられるところで終る。ここには、明らかに原作者の救済観念が潜められているとみてよいだろう。南北朝から室町時代にかけての中世最大の芸術家であった観阿弥・世阿弥の親子にしても、「乞食所行」として賤視されていたことはよく知られているが、彼らの身分的立場がやはりこの哀れな漁師を救済の視点から捉えさせたのであろう。

「乞食所行」と芸術創造

この『阿漕』とともに、『善知鳥《うとう》』『鵜飼』の三曲は〈三卑賤〉と呼ばれている。いずれも殺生戒を犯して堕地獄の苦しみに喘いでいる「悪人」、すなわち卑しい漁民が主人公である。しかし、この〈三卑賤〉の根底にある基調音は、彼らにも仏の深い慈悲が及ぶという点で一致している。（後記・この項を書いたあとでみることができたのであるが、青山泰樹「謡曲〈阿漕〉と在地伝承」〔『伝承文学研究』第三十二号〕はすぐれた研究である。とくにこの阿漕孝子伝承と浄土真宗高田派上宮寺とのかかわりについては教示をうけた。親鸞の教えでもってこの地の海民を門徒化していく上で、この阿漕の救済を説く説話は、海民の立場にたつ浄土真宗の唱導においても大いに活用されたのではないかと推測されている。なお今も残る阿漕塚の地は、かつてはこの上宮寺の故地であった。）

室町時代から一千曲以上の謡曲、つまり猿楽能の詞章が作曲されている。そのうち、今でも芸術的生命力を保っていて上演されるのは二百三十あまり。これらはほとんど観阿弥、世阿弥、宮増《みやます》、元雅《もとまさ》、禅竹らの手になった。

猿楽能が完全に武家階級に丸抱えされてから、とくに近世以降、幕府・武家の式楽になってからは、ろくな曲はない。今日ではほとんど全部が廃曲になっていて上演されることはない。観阿弥・世阿弥時代の作品が最高である。賤視されながら諸国を回って興行し、懸命に生きてきた時代のものがやはりすぐれている。扶持をもらって安定した生活を送るようになってからは、作品もダメになって、芸術的生命を喪失してしまっている。

この問題は芸術史からみても興味深い事実であって、芸術創造の原論からしても実に重要な問題を含んでいる。国家というかお上《かみ》というか、権力から位階勲等やゼニカネをもらってやるようになると、たちまちにして芸術的創造力が萎《な》えてしまう。権力の庇護下にあると、想像力・構想力も自由に飛翔することができず、作家としての創造的な生命力が涸《こ》渇《かつ》してしまうのである。どこの国をみても、丸抱えの宮廷芸能が、一つの時代精神を表現しうるような大芸能になった例はない。能の名曲のほとんど全部が、「乞食の所行」といわれていた時代に、必死の努力を重ねて創造された曲であった。

ところで、伊勢といえば、尾張万歳・大和万歳とともに伊勢万歳で知られている。何年か前に津から松坂の部落を訪れたさいに、伊勢万歳をやっておられた古老がまだ健在であると聞いて、鈴鹿山麓のたった四軒の小さな部落までかけつけたことがある。もう七十歳に手のとどくおばあちゃんであったが、私が昔の万歳について話してもらいたいというと、最初は怪《け》訝《げん》な顔をされた。「まあ新年の祝福芸には違いないけんど、物貰い同然というのがほんまのとこやから、あまり人前で話すことやないで」とおっしゃった。私が中世以来の千秋万歳の伝統についていろいろ説明して、やっと重い口を開いてもらった。

四、五歳の時から、正月になると両親に連れられて津の市内で万歳に出た。親が新年の祝辞を述べてその年の家内安全を祈り、幼な児がその余興に芸をやるのである。やはりハレがましい気持は子供心にあったが、朝早くからの仕事でつらかった。それでもうまく踊れた時にはみんなから拍手してもらえるので、それで一生懸命頑張った。しかし、寒風の吹く人通りもない街をトボトボと門付けして歩くのは、子供心にもやはりつらかった。

正月が終ると、一家六人で一座を組んで近畿一円を芝居して歩いた。歌舞伎の有名な場面もやったが、人情物の時代劇が主であった。足芸などもやった。回った所はみんな小さな小屋で、今にして考えてみるとやはり部落が多かったのではないか。客が入らぬ時は日ゼニもないので、親子全員橋の下に寝たこともあった。六月になると故郷に帰って田植えの手伝いをやった。自分のところには田はないので、いろんな手伝いや雑業でなんとか生き抜いていった。太平洋戦争になって、旅興行も禁止になり、門付け万歳も絶えてしまった。一緒に回った兄弟も戦争で死んで、今では旅回りの想い出もかすかなものになっている。そのように語りながら、その瞼にはいつの間にか熱いものが流れていた。

賤民芸能の原郷

中世文化の基底を担った賤民文化は、中世の中頃ではいわゆる散所が中心であった。中期以降は散所と河原の二つが併存し、中世後期から近世に入るにつれてしだいに河原が中心になってくる。今日の被差別部落の起源も深くこの時期とかかわっている。各地方の古い由緒ある部落は、中世末期の散所や宿や河原を直接的な起源としているところが少なくない。

私の訪れた部落のなかでも、中世に起源をもつ地区がいくつかあった。土佐の宇多の松原の近くにある赤岡は、高知県でも三番目に大きい部落であるが、古い由緒がある。地頭中原秋家がここへ移転してきたとき、武具製造の職人、陰陽師、遊行芸能者を引きつれてきて川口の三角州に定住させて散所とした。それが部落の起源とかかわるのだが、町史を編纂されている郷土史家の近森敏夫さんからお聞きしたところでは、『東鑑』（『吾妻鏡』）からずっとこの散所の移り変わりを物語る古文書が揃っているとのことであった。

部落の周辺には、たいこ屋敷、いちのみこ、傀儡《くぐつ》、簓《ささら》といった、中世の芸能と深い関係のある字名《あざ》がまだそのまま残っている。この三角州の城下町よりが散所で主として職人たちが住み、海岸よりの荒蕪地が賤視された仕事に従事している人びとが住みついたのである。この地の芸能民を統率していたのが〝さんしょう太夫〟（散所太夫）と呼ばれていた芦田主馬太夫であり、土佐一円の陰陽師、唱門師《しょうもんじ》（声聞師）を支配していた。

この部落からは多くの遊行芸能者を出した。土佐だけではなく、四国一円を巡業して回った。中世の説経節の系譜をひく祭文《さいもん》やくどきとよばれる語り物が主であって、『しんとく丸』『苅萱《かるかや》石童丸』『小栗』などを語り歩いた。赤岡部落の氏神である美宜子神社の御神体は、木片の人形の傀儡である。この部落には、難病（ハンセン病）にかかった高貴な王女がつづら船に乗せられて流離の果てにこの浦に漂着して、ようやく安住の地をえたという、典型的な「貴種流離譚」が伝わっている。また、この赤岡には、すばらしい民謡がいくつか残っている。土佐の地芝居の歌舞伎絵を描き、その強烈な土俗的エネルギーとおどろおどろしい様式美で知られている幕末の絵師・絵金は、このような赤岡の芸能風土の中から生まれてきた。

『奥田家文書』で知られている和泉の旧南王子村も、古い起源をもつ部落である。遠い昔、西方から長い船旅をして和泉の海辺にたどり着いた祖先が、永住の地を定めるために弓を引き、その矢の落ちたところが聖《ひじり》神社の周辺であったという伝承を残している。

聖神社は、延喜式に出てくる古い神社である。この神社のある信太《しのだ》の森は、『枕草子』にも「杜《もり》は信太森」とあるように、歌にも数多く詠《よ》まれてきた名高い森である。天武天皇三年（六七五）に勅願によって信太首《おびと》に祭らしめたと伝えられている。境内の古墳は、優れた生産技術をもってこのあたりの開発に貢献した渡来人・信太首《しのだのおびと》のものである。彼らが、大陸から渡来した陰陽道をひろめ、暦法の神としてこの〈日知りの神〉を祭るようになったのであろう。柳田国男の『毛坊主考』によれば、聖は、日の性質を熟知している人、巫術祈禱をもって日の性質を変更しうる人、転じて暦をつくる人を意味する。和泉の村々に残る古文書には、聖神社の周辺には中世以来の陰陽師がいて暦を売っていたとの記録があるが、最近その陰陽師村の一つであった舞村が考古学者の発掘のさいに偶然発見され、その発掘記録が公刊された。

この南王子村のすぐ横を熊野街道が走っている。餓鬼阿弥《がきあみ》となった「小栗判官」が土車に乗せられて熊野本宮・湯の峯まで突走った道なので小栗街道と呼ばれている。この道を数里大阪の方へ戻ると、陰陽道の始祖と仰がれている安倍晴明を祭った神社がある。つまり、聖神社と安倍晴明神社とは一本の街道筋にあるのだ。そして、この聖神社の縁起物語と安倍晴明の出生譚が結びついて、かの有名な歌をもつ説経『しのだづま』が生まれた。

恋しくば
　たずね来てみよ
和泉なる

信太の森の恨《うら》み葛《くず》の葉

この物語をもとにして、古浄瑠璃『しのだづま』や歌舞伎『蘆屋《あしや》道満大内鑑《どうまんおおうちかがみ》』がつくられ、多くの民衆になじみの深い劇的主題として知られてきたのである。この『しのだづま』の世界を描いた、絵金のすばらしい歌舞伎絵が赤岡に残っている。

この『しのだづま』は古代からの民間伝承の積み重ねであり、この街道筋をはじめとして各地を遊行した漂泊芸能者によって語りつがれ発展させられた口承文芸である。つまり、その語り手は、下級の陰陽師や唱門師とともに、散所や河原に住みながら底辺の世間を生きてきた漂泊芸能者や宗教的遊行者であった。

彼らによって諸国にひろめられた物語は数多くあるが、なかでも『かるかや』『さんせう太夫』『をぐり』『あいごの若』『まつら長者』『しんとく丸』『ゆり若大じん』などが有名である。この中に出てくるいろんな説話や伝承は、中世末から近世にかけて、非常に民衆に親しまれたものである。私などの幼少年時代でも、外国産の童話などよりは、これらの物語の方がはるかに身近なものであった。

ところで、もう十数年も前のことであるが、この旧南王子村の部落から、四十冊ばかりの古びたノートが出てきた。当地に生まれた説経師・遠田《つじた》透一さんの書き遺された日記の一部である。説経師として諸国を遊行して回ったのだが、行くさきざきで語り歩いた説経が、日誌に克明に記録されている。どの演題がその日の聴衆の喝采をうけたか、その反応と当日の反省まで丹念に書かれている。

おそらくこの逵田師は、史上最後の説経師ではなかろうか。七十四歳で亡くなられたが、その直前に法然（八巻）と親鸞（十一巻）の一代記をまとめあげて菩提《ぼだい》寺に納められた。近代の部落から生まれた文化的記録のなかでも、貴重な遺産というべきであろう。掘りおこせば、各地の部落には、まだ世に出ていないさまざまの文化的遺産が残されているのではないだろうか。

過日、福岡の旧堀口村を訪れた。ここも近世初頭にはすでに成立していたとみられる由緒のある部落である。御笠川の石堂大橋に近い聖福寺周辺に、寺中町・普賢堂《ふげんどう》町などの中世に起源をもつ芸人町の旧跡がある。

堀口村の狭い路地の目立たない場所に、小さな地蔵尊があった。そこに掲げられている由緒書をみると、「苅萱石動丸物語の発祥地」とある。つまり、説経『かるかや』で有名な石童丸は、その父加藤繁昌がこの地蔵尊から丸い温い石を授かって生まれた子供なのだ。その由来は『苅萱道心行状記』によると出典が明記されていた。

それはたんなる伝承にすぎないかもしれないが、部落の中に石童丸出生の縁起を物語る地蔵尊があるということは、すこぶる重い意味をもつ。これまでみてきたように、古い由緒をもつ部落として、私は、赤岡、旧南王子村、旧堀口村の三つを挙げた。それぞれは遠く離れているのだが、そのいずれにおいても、説経『かるかや』に由来する話を見聞したのであった。これはたんなる偶然ではない。この三つの部落の文化の深層に流れるものは、いったい何であるのか。その深層を掘り下げていくと、中世以来の伝統をもつ賤民文化の姿が、おのずから浮かび上がってくるのだ。

日本文化の深層に流れるもの

被差別民に伝わってきた文化・芸能の問題にこだわりながら、ここまで書きすすめてきた。賤民の歴史を、文化・芸能・民俗・宗教の観点から全体的に見直そうとする視点から、日本の歴史の深層を掘り返してきた。つまり被差別部落の歴史、ひいては賤民と呼ばれてきた数多くの被差別民衆の歴史そのものを、日本の歴史の総体のなかでどのように位置づけていくのかという問題である。

賤民の歴史が、差別と抑圧、その結果としての悲惨と残虐の歴史であったことはまぎれもない事実である。しかし、そのような光のさしこまぬ暗い歴史のなかでも、民衆はさまざまの伝統的技能をもって生産に従事し、伝承されてきた民俗と文化を担ってきたのだ。歴史のハレ舞台に出ることは全くなかったが、心底《しんてい》ではそういう自負《じふ》と誇りを持ちながら、苦難に耐えつつ生き抜いてきたのであった。

だが、彼ら賤民たちが担ってきた文化の意味するものは、歴史のオモテ舞台から抹殺され、陽のあたらぬ陰の世界に追いやられてきた。その生活や仕事の中身に立ち入ることはタブー視され、学校のテキストでも黙殺されてきたのだ。そして、彼らがつくり上げてきた技術や文化は、その上澄《うわず》みの部分だけが巧妙に吸い上げられ、あたかも支配文化がそれを産み出してきたかのように記述されてきたのである。

しかし、日本の歴史の奥底まで一歩分け入ってみると、日本文化の深層には、差別され抑圧されてきた民衆によって担われてきた〈賤民文化〉という地下伏流が走っていることがわかってくる。

古代の芸能にしても、中国・朝鮮から渡来した雅楽や伎楽を除けば、天皇をいただくヤマト王朝によって征服され、隷属させられた先住民たちの固有の民俗芸能――隼人の舞・国栖《くず》奏などさまざまの国風歌舞《くにぶりのうたまい》――が主たるものであった。これらの芸能は、服従と忠誠の誓いとして、天皇に捧げる御贄《にえ》として朝廷に奉《たてまつ》ることを強制されたのであった。新帝即位の最大の行事である大嘗祭において、諸国から召されたこれらの芸能者が奉仕させられたのであるが、それは先住民に服属を誓わせて皇威を内外に宣揚するためであった。

それとともに、はるかなる太古の時代から、各地を流浪しながら狩猟と漁撈で生活してきた海人・山人たちによる原始的な神事芸能を挙げねばならぬ。その痕跡《こんせき》を歴史資料の上で究めることはむずかしいが、おそらく山の神や海の神を称えるアニミズム的なものであったとおもわれる。

　折口信夫は、彼らの中から古代の遊芸民が出たのではないかと推察している。たしかに租・庸・調・雑徭《ぞうよう》などでがんじがらめになっている古代の農民たちが、芸能に従事する余裕などはなかった。諸国を遊芸して歩いたのは、やはり無籍者の海人・山人たちであったと思われる。彼らは定住しない非農耕民としてさげすまれながら、さまざまの祝福の歌舞でもって祝詞を唱えながら各地を漂泊したのであろう。

　中世の芸能は、散所系、宿者系、河原者系に大別される。ひろい意味で散所系を代表したのが猿楽・田楽であり、後の二者からは実に多彩な雑芸能が産み出された。彼らの中から法師《ほうし》・法師原《ばら》と呼ばれ、聖《ひじり》姿で諸国を徘徊《はいかい》する芸能民も出た。権門貴種の目からみれば、彼らはいずれも「乞《ほ》食者《かいびと》」として卑賤視されたが、「ほかい」はまた、「寿祝」をも意味した。その中から、千秋万歳、傀儡子《くぐつ》、鉢叩《はちたた》き、アルキ巫女《みこ》、説経師、放下師《ほうかし》などの多彩な芸能が輩出した。

　近世芸能の花形であった歌舞伎・人形浄瑠璃は、中世の雑芸能を土台にして形成された。たとえば、その語りの要素は琵琶法師や説経節を、踊りの基本はアルキ巫女の念仏踊りを、そのアクロバット的なパフォーマンスは放下師のサーカス的妙技を、人形遣いの技能は傀儡子の芸をそれぞれ母胎としている。中世以来の民衆芸能のいろんな要素を包含《ほうがん》しながら、新しい近世の時代を代表する総合芸術として開花していったのである。しかし、オモテ舞台に華々しく登場した歌舞伎や人形芝居だけに目を奪われてはならぬ。賤民層に担われた数十種にのぼる民衆芸能が、大道芸・門付芸としてさかんに演じられていたのであった。

　今日、日本の芸能を代表するものは何かと問われたならば、だれでもが中世では能・狂言を挙げ、近世では歌舞伎・人形浄瑠璃を挙げるだろう。万歳などの民俗芸能も忘れてはならない。事実、日本の伝統芸能で専用の国立劇場があるのはこの四つである。

　だが、世界演劇史でも特筆大書されている能・狂言を創造した猿楽の徒は、あの世阿弥にしても「乞食所行」と呼ばれ、歌舞伎の花形役者も「河原者」として賤視されてきたのであった。明治維新後の大阪府令や教部省布告をみても、彼らはいぜんとして「川原もの」「賤敷《いやしき》身分」「制外者」と呼ばれていたのだ（国立劇場芸能調査室『明治の演芸』㈠参照）。

　歌舞伎が穢多頭浅草弾左衛門の支配下に入らないことを幕府が公式に認めたのは、宝永五年（一七〇八）の有名な『勝扇子』事件以後であるが、各地の穢多部落が、芝居や猿楽などの勧進興行の権利を持っていたことは史料的にもはっきりしている（『日本庶民生活史料集成』第十四巻、『日本庶民文化史料集成』第十二巻などを参照）。

民衆に親しまれながらもハレ舞台に出ることのなかった多くの雑芸能は、江戸では非人頭のもとで乞胸《ごうむね》仁太夫の支配下におかれていた。そして、各地の非人・雑種賤民が、地回りの歌舞伎や大道芸・門付芸に深くかかわっていた。九州や中国筋に数多く散在した役者村は、中世に根をもつ陰陽師系の村が多かった。近世の穢多身分はほとんど芸能にかかわっていないのではないかと推定されていたが、私が各地の部落を回って調べた結果では彼らもやはり芸能にかかわっていた。一座を編成して回るのは役者村に限られていたが、万歳・春駒・大黒舞などの初春の門付芸は、各地の部落からも出ていたのである。

〈反文化〉としての賤民芸能

このようにみてくると、日本文化の中でも光彩陸離《こうさいりくり》たる一系列である芸能の歴史が、国家の支配体制の内側から生まれたものではないということは明らかであろう。つまり、これらの芸能は、その担い手であった民衆の出自をみてもわかるように、本来的に〈支配文化〉に対する〈反文化〉であり、〈上層文化〉に対する〈下層文化〉であり、〈中心文化〉に対する〈周縁文化〉としての性質をはっきりと示しているのだ。

しかもこれらの芸能は、祭祀儀礼、民俗信仰、民衆的娯楽、創造的芸術という四つの要素がからみあった複雑な形成過程があった。そして日本文化の原質を象徴する総合芸術へと発展していったのである。歌舞伎が代表するように、世界の芸術史でも稀にみる様式美を誇る美の世界を構築したのであった。

その歌舞伎にしても、一見したところきらびやかにみえる舞台の様式美の背後には、怨念《おんねん》・憤怒《ふんぬ》・猥雑《わいざつ》・怪奇・幽界・鎮魂といったさまざまの〈情念〉に色どられた世界が展開されるのだ。それらの情念を最もドラマティックに表現したのは四世鶴屋南北の諸作品である。身動きできぬ身分制度と既成道徳のなかで、ひそかに脱出口を求めていた庶民たちの心情、そのひそやかな願いと鬱々《うつうつ》とした意識下の何ものかを表現したのである。

改めてくり返すまでもないが、日本の民衆芸能は、その発生の根のところは、ほとんどすべて身分制の周縁にあった人びとによって担われてきたのである。その多くは、天皇・貴族の住む都の文化に染まらぬ〈化外の民〉としてさげすまれてきたのである。彼らの生活は、表層だけみれば、差別と抑圧のもとで救いのない世界であったようにみえるが、しかし豊饒《ほうじょう》な闇というべきものを潜めていたのである。その闇の中から産み出されたものが賤民芸能であった。

このように、体制の中心から排除されて周縁部分に位置づけられてきた人びとによって、文化の創造的な発展がおしすすめられてきたという事実は、いったい何を物語っているのだろうか。

一九八七年の夏であったが、土佐の赤岡部落を訪れた。三度目の訪問だったが、ちょうどその晩が部落の文化祭の前夜祭で、その目玉が旅芸人の一座によるいろんな出し物であった。私もドサ回りの一座の芝居を観るのは久しぶりなので、観客席の前の方に座ってワクワクしていた。

十一人の小さな一座だったが、なんとその出し物が近松の『冥途《めいど》の飛脚』。大和新口村の段を中心にした小芝居だったが、ちゃんと歌舞伎の型を踏んでいて、なかなかの迫力、特に座長はすごい名演だった。終演後、私は一座のみなさんにいろいろ苦心談を聞かせてもらった。淡路と阿波の出身者が多いとのことだったが、一番苦心するのはやはり新人の育成だと座長は話された。「お客の前で芸を観てもらうまでになるには、やはり十年はかかりますよ。今時の若い子は辛抱《しんぼう》がたまらんので、なかなかそこまで続かんのですわ。それが一番残念でね……」とおっしゃっていた。

部落を中心に夏の間は土佐を回り、それから九州へ旅興行に出るとの話だった。トラック一台に大道具と小道具をみな積んでいく。その夜はたまたま雨が降って、小さな神社の境内にある舞台でできなかったので、公民館の急ごしらえの舞台でやったのだが、芝居が終ると座長が先頭に立ってみんなで後片付をやっていた。座長は坂東《ばんどう》流の踊りの達人ということだったが、その歌舞伎踊りも実にすばらしかった。

興行の肝煎《きもいり》をされたのが昔は浪花節をやっておられた古老。「前狂言」→「中狂言」→「切狂言」という古式通りの編成で、ちゃんと中入りもあって、「お花の御礼申し上げます」と、舞台で挨拶された。もう七十歳をこえておられたが、すごいハリのある声で、歌舞伎役者のような貫禄《かんろく》があった。すでに亡くなられたがずっと三味線をひいておられた奥さんと一緒に、三十数年間、数人で浪花節の一座を組んで各地を回ったとの話だった。

門付芸人は、盆・暮の節季や年のはじめにやってくる。千秋万歳・鳥追・太神楽《だいかぐら》・春駒・大黒舞・願人坊主・わいわい天王・御祈禱《きとう》などは、民衆の伝統的な民俗儀礼にとって欠かせぬものであった。

都市の下町や田舎の村々を流して歩いた大道芸にしても、楽しみの少ない庶民にとっては、その日常を豊かにしてくれる見せ物であり、物珍らしい街頭ショーであった。民衆生活にとっては、なくてはならぬ風物詩であった。寺社の境内や街角で、いろんな歴史物・諸国に伝わる因縁《いんねん》話・縁起《えんぎ》話などを面白おかしく、あるいはもの悲しく物語る講談師・辻勧進・説経・平家座頭・ささらすりなどは、書物に親しむ機会のない庶民にとっては、またとない情報源であり、いろんな知識を得る場であった。その意味では、彼らは民衆のオルガナイザーであり、文化の伝達者であり、人生の教訓師であり、喜怒哀楽を表現する術《すべ》を持たぬ庶民の心情の代弁者であった。

私は幼少の頃、摂津の西国《さいごく》街道筋にある、小さな村に住んでいた。京都から山陽道に通じる古い街道である。由緒ある古い街道だったから、いろんな遊芸者がこの街道を通った。一九三〇年代のはじめの頃であった。

薄墨《うすずみ》の絵のようにしか残っていないその頃の記憶の中でも、今でもはっきり覚えているのは、六部《ろくぶ》さんと呼ばれた遊行者であった。年老いた巡礼姿が多かった。うらぶれた鼠木綿《ねずみもめん》の着物に、手甲と脚絆をつけ、足は草鞋《わらじ》ばきであった。頭には菅笠のようなものを冠り、手には大きい数珠《じゆず》を持ち、金剛杖をついていた。鈴や鉦《かね》を鳴らしながら、一軒ごとに門付けをして歩いていた。この六部遊行は、十四世紀の書である『太平記』に出てくるから、鎌倉時代にはすでに行なわれていたのである。

私が見た六部たちは、子どもの背丈ほどの重い笈《おい》を背負って、杖をつきながら門付けをして歩いていた。年老いた六部たちは、ほとんどよろけるようにして歩いていた。門ごとに鈴を鳴らし鉦《かね》を打つ。鈴の音が聞こえると、どこの家でも一握りの米をつかんで出てきて、門口で喜捨《きしや》した。六部は、深々と頭を下げていた。

うしろからついて歩いている子どもたちは、背負っている笈の中に何があるのかと、ぴょんぴょん飛び上がって覗《のぞ》き見した。笈とは、一言でいえば持ち運びのできる小さな仏壇である。その中には仏様を安置した小さな厨子《ずし》があった。この笈は、特定の寺院を持たぬ諸国遊行の貧しい聖《ひじり》たちの、本尊を安置するための大事な入れ物であった。

私が、子ども心に不思議に思ったのは、厨子の中の仏様のまわりに、子どもの写真がたくさん貼ってあったことだ。それがいったい何を意味するのか、当時はよくわからなかった。今になって考えてみると、幼くして死んでいった子どものために、貧乏でお寺参りもできない親たちが、なにがしかのお布施《ふせ》を出して写真を貼らしてもらっていたのだろう。いわば代参人として、この六部さんに諸国の寺を巡ってもらって、悲運だった子どもの冥福《めいふく》を祈ってもらうのだ。貧しい庶民たちが考え出した、悲しい習俗であった。

彼ら六部たちは、物貰いとして人びとにさげすまれ卑しめられながらも、いつまでも仏の影を背負いながら、トボトボと街道筋を歩き続けたのであった。

（単行本のための新稿）

わが部落問題との出会い——被差別部落の古老と高橋貞樹

人生は、人との出会いの連続である。自分ひとりの、他者と交わらぬ全く孤立した人生というものはありえない。

そのほとんどは偶然によるが、人間の一生は、どのような人に出会ったかによって大きく違ってくる。一期一会《いちごいちえ》、一生にただ一度の出会いであっても、決定的な転機となる場合もある。

人の世を歩く道は、いつ、どこで、誰に出会ったかによって変わってくる。大きい出会いは、いわば人生の転轍手《てんてつしゅ》みたいなものであって、それによって、歩く道も行き先も違ってくる。

私のささやかな人生にしても、十八歳で敗戦という大きな転機に遭遇《そうぐう》してから、すでに四十五年がたっている。激動の戦後、数年刻《きざ》みでやってきた時代の転機を追うようにして、私の人生にも何回か大きい曲がり角があった。そのたびごとに、自分の物の考え方や人間観に大きい影響を与えた人との出会いがあった。

そういう大きい出会いを一つ挙げよと言われたならば、私はためらうことなく高橋貞樹の名を挙げる。彼との出会いは、人の世の生き方・歩み方について、根底から考え直す大きい転機となった。

もう一つ、私がどうしても挙げておきたいのは、これまで私が訪れた数多くの被差別部落での古老たちとの出会いである。

これまでに私は、おもに西日本であるが数百にのぼる部落を訪れて、そのムラに伝わる民俗文化と産業技術を調べてきた。訪れるたびに、ムラの古老たちに昔話や想い出話を聞かせてもらった。差別と抑圧と貧困とたたかいながら、この世を生き抜いてきた古老たちとの出会いは、私の人間観に大きい衝撃《しょうげき》を与え、この「人生」を見直すきっかけとなった。

筆舌《ひつぜつ》に尽しがたい苦難の人生を送ってきたにもかかわらず、いや、それゆえに、部落の古老たちは心やさしく涙もろい。そして、なによりも義理人情にあつい。底辺という視座からは、人の世の冷たさ、あたたかさ、すべてのものがよく見えるのだ。生き抜くための血みどろの体験から学んだ、深い知恵と透徹《とうてつ》した人間観を持っている古老が多い。そこには、書物から読みとるだけの表層の歴史記述からはとうてい得られない、人の世の深層にかかわる何ものかがあった。

部落に生まれた古老たちは、そのささやかな青春の志を果たすこともなく、この世に怨念《おんねん》を残して無言のままこの世を去っていくのである。苛酷《かこく》で不条理な差別は、耐えがたい侮辱《ぶじょく》であり、人間精神の根本を傷つけるものであった。だが、この世を生き抜くためには、自由を希求《ききゅう》するひとりの人間としての夢と希望を最後まで失うことはできなかった。

私にとって、部落の古老たちから聞いたその生涯史は、〈人間とは何か〉〈人間いかに生きるべきか〉〈人の世はどうあるべきか〉——このような問題について根本から問いかける深いものであった。これらの古老たちとの出会いから実に多くのことを教えられたが、それについては稿を改めて述べることにしよう。

さて、高橋貞樹（一九〇五～一九三五）は、今日では、もはやほとんどその名を知られていない。水平社運動・労農運動の先駆者のひとりとして重要な足跡を残した人物であるが、今では運動史の過去帳の片隅に、ごく小さくその名をとどめているにすぎない。

高橋貞樹の名を最初に見かけたのは、敗戦直後に戦前の社会主義関係の発禁本が古本屋にドッと出回った頃であった。どこに隠されていたのかと不思議に感じるほど、たくさんの発禁本が敗戦後一週間もたたぬ間に棚に並んだ。

目ぼしい本をあさるべくよく古本屋に出入りしたが、戦後社会運動の急速な興隆とともに、これらの本は飛ぶようによく売れた。左翼本の中でも、いつまでも売れ残っていた本もあったが、そのうちの一冊が高橋の『日本プロレタリアートの問題』（一九三一年、希望閣、三八六頁）であった。これはどういう人物なのかと、たまたま同行していた戦前からの活動家に質問したことがあった。その先輩から、「君、それは転向者だよ」と冷やかな言葉が返ってきた。

敗戦の衝撃から立ち直る一つのきっかけとして、天皇制ファシズムと果敢《かかん》にたたかった戦前の革命運動、反戦平和運動に注目しなければならぬという問題意識でもって、私たち若い世代はいろんな思想書をむさぼるように読んでいた。あの戦争の時代を《非転向》でたたかった革命家がいたという事実は、何も知らなかった私たちには新鮮な衝撃であった。したがって《転向》という言葉は、当時の私たちにとっては、《戦争犯罪》と同じく断罪的なひびきをもって聞こえたのであった。それっきり高橋貞樹の名は私の関心を惹《ひ》くことはなかった。

だが、それから十年後、再び高橋貞樹と出会った。それは一九五六年のスターリニズム批判の嵐が吹き荒れて、日本の戦前運動についても根本的な見直しが迫られた段階であった。われわれ戦後派が戦前派左翼にいだいていた《前衛》概念が、物神化された幻想にすぎないことがしだいにわかってきたのである。また、《非転向》神話にしても、大衆から切断された指導部の思想的空転の裏返しにすぎず、強力な国家権力に対する硬直し孤立した抵抗だったことが、さまざまの研究や証言によって明白になってきた。

一九二〇年代から三〇年代にかけての社会運動史を改めて検討するために、私たちは数名で小さな研究会を組織し、さまざまの関連資料を調べた。当時の革命運動の中心的な理論誌である『マルクス主義』全五十六冊（一九二四年五月〜二九年四月）についても、丹念に読んだ。

まず、その創刊号の巻頭論文に、高橋が『日本帝国主義の発展』を書いていることがわかった。ついでローザ・ルクセンブルクの『資本蓄積論』を紹介し、『国家に関する一断片』に引き続いて、『ドイツ社会主義の消長』を連載している。つまり高橋は、一九二四年段階での最も活躍した理論家であったのだ。そして、これらはいずれも彼が二十歳になるかならぬかという若い時代の論稿である。

私は改めて舌を巻いた。いったい高橋貞樹は、どういう出身で、どういう過程を経て革命運動に入ってきたのだろうか。彼は二十一歳で日本の運動を代表してモスクワに行って活躍するが、なにゆえに帰国後、獄中で転向したのだろうか。そういう思想的過程をどうしても調べたいという欲求に駆られ、関連する資料をさらに集めだした。

たまたまアメリカ占領軍に押収されていた稀覯《きこう》本が国会図書館に返却されると新聞が伝え、そのうちの何冊かが写真入りで大きく紹介された。その中に高橋の『特殊部落一千年史』（一九二四年五月、更生閣、三四〇頁）が入っていた。発売後直ちに発禁、幻の名著といわれていた本で十九歳の時の著作である。

私もその本については聞いていたが、もちろん入手不能だったのでそのままになっていた。しばらく経って、発禁後『特殊部落史』と改題して刊行された修正版が大阪の中之島図書館にあると聞いて出かけた。だがその本は、天皇制批判などの重要な部分の紙型を削りとって刊行された本だった。二、三頁が全く空白、それも何ヶ所もあるといった無惨な本であった。

たまたま木村京太郎がひそかに屋根裏に隠していた一冊を元本にして、復刻版が出た。早速通読して、改めて驚嘆《きょうたん》した。はっきり言えば、私にとってかつてない大きい思想的衝撃であった。私のそれまでの部落問題に対する薄っぺらな問題意識を徹底的に喰い破り、心底《しんてい》から私の心情をゆさぶった。

この本は、鳥居龍蔵ら当時の人類学者・民族学者の最新の研究を踏まえて、日本人の起源論から筆をおこしている。日本民族の諸源流について実証的に論述しながら、天皇制国家の形成史とそれによる身分制の創出を序章にあてている。部落史研究の先駆者であった喜田貞吉や佐野学の研究に刺激をうけつつそれを下敷《したじ》きにしながら、荒削りではあるが唯物史観にもとづいて、日本の被差別民の歴史をはじめて体系的に著述したのであった。

もちろん、それからすでに六十五年、はるかに研究の進んでいる今日からみれば、そこにいくつかの問題点を指摘することはたやすいことである。しかし、それによっても、この書の真の価値はすこしも損《そこ》なわれることはない。この書にみられる構想力、その論理構築力もさることながら、人間の真の自由を追求する部落解放への彼のほとばしるような熱情は、そのイメージ喚起《かんき》力の豊かさとあいまって、私の精神の深部に深く突きささったのである。この書は近代日本の数多くの書物の中でも、十九歳の青年の著した人間の書として、最もすぐれた書物であると、読み終えて私はしばし天を仰いだ。

これが高橋貞樹との第三の出会いであった。さらに資料を読み進むにつれて、彼がすぐれた理論家であるにとどまらず、有能な実践家であり組織者《オルガナイザー》であることがわかってきた。彼は大分県に生まれ、十七歳で革命運動に参加している。東京商大（現一橋大）に福田徳三を頼って進学していたが、その講義に失望して山川均の前衛社に参加していた。彼は英・露・独語など外国語に熟達していたので、西欧の最新の理論の紹介にも力を尽くし、前衛社の研究会の講師をやっていた。

その頃、水平社創立の報を聞いて、その結成の地である奈良県御所《ごせ》市の柏原部落へ入った。そこから帰京した直後の、関東大震災の社会主義者狩りによって、東京が危険になったので大阪へ移った。堺の部落に住みながら、しだいに水平社運動と深くかかわりあうようになった。

しばらく水平社教宣部を担当していたが、やがて日本の革命組織を代表して入露する。それから二年、一九二八年の三・一五の大弾圧で組織潰滅のニュースを聞いて急ぎ帰国する。もちろん、出国も入国も非合法であった。四つのペンネームを駆使してほとんど独力で機関誌を再建するが、まもなく逮捕され懲役九年の判決をうける。しかし、獄中で少年時代からの肺患が悪化し、ついに三十歳で死去した。

それから私は彼に関する全資料の収集を始め、それとともにかつての旧友を探して彼の青春の時代について聞き歩いた。夫人が山口県の光市で健在であると聞いてかけつけた。昔の遊廓の一隅で、六畳一間の二階借りだった。壁面は全部本で埋まり、八十をこえてなお読書に励んでおられた。真冬の寒い日だったが、窓はあけはなたれて火の気はなかった。読了した本はミカン箱に詰めて、自分の死後、故郷の図書館に寄贈する準備をされていた。夫人も、若い時から婦人運動・反戦運動に参加し、高橋と同じ頃に逮捕されて獄中にあった。戦争中は、瀬戸内海のハンセン病棟で看護婦として働かれたのであった。

それから三回も光市を訪れて、昔話をいろいろうかがった。数十年たっているのに、在りし日の高橋の面影を物語る夫人の目はキラキラ輝いていた。彼は芸術を愛し、油絵の展覧会にその未来派風の作品が入選したこともあったそうだ。たった二年間の同棲で、しかも運動で忙しかったので、「夫婦だけで愛を確かめあう日がほとんどなかったですね。運動で忙しく対話の時間があんまりなくてね。それがなによりの心残りですよ」とおっしゃっていた。

『一千年史』の印税が三百円入った。家財がなにもないので、それで買い整える予定だった。ところがある日、水平社の活動家の兄と称する人物がやってきた。高橋さんに頼まれたのだが、その金を運動に用立てると言って持って行った。しかしその兄は運動には参加しておらず、自分の破産しかけた商売に流用したのであった。高橋が帰ってきてそのことがわかっても、ただ、「あの金も何かの役に立っているよ、いいじゃないか」と言ったきりで愚痴《ぐち》一つこぼさなかった。

夫人のすすめで、かつて入露したさいに同行した佐野博に会いに行った。彼は当時は京大の学生で、学連のリーダーで二十二歳だった。心よく応じていただいて、八時間も当時の想い出を語られた。

十日間もシベリア鉄道にゆられて淋しい大草原を走っている時の話になった。「若者二人で危険をおかして知らぬ国に渡って、もう帰ってこないかもしれないのに、その時の気持ちはどうでしたか」と訊ねた。そうしたら、「やはり心細かったね……」と言ったきり絶句《ぜっく》された。目を閉じて六十年前の青春の時代を想い出しておられるようであった。ふと見ると、瞼《まぶた》に熱いものがあふれていた。もう年老いておられたが、昔ながらの律気さと熱情はまだ失っておられなかった。その一週間後、追加として六本のテープが送られてきた。

それからしばらくたって、私は高橋貞樹の思想と運動の軌跡を追ってかなり長い論文を書いた（『思想』一九七六年・十二月号〜七七年・六月号）。

いろいろ関連文献を読んでいると、彼の転向は決して天皇制ファシズムへの屈服《くっぷく》ではなかったことがはっきりしてきた。

その意見書は、当時の党指導部の独断的セクト主義と大衆から遊離し硬直した運動方針への批判が主たる内容であった。高橋の意見書は、今からみれば先駆的なスターリニズム批判と呼べる性質のものであった。その現状分析の眼はリアルであり、下からの大衆運動の構築をなによりも重視し、上からの官僚主義的引きまわし、硬直した公式主義、それに無責任な煽動主義を戒めている。そして、大衆の中での自己批判をおそれない精神こそが真の革命的方法であり、理論水準の上昇による運動者全体の思想的主体形成の必要を説いたのであった。

今日、ペレストロイカの新しい波とともに、かつての社会主義理論の見直しも進められているが、ソヴェト＝コミンテルン体制の欠陥について大胆に指摘した高橋の思想的先駆性については改めて評価されねばならない。彼のすぐれた直観的批判力は、その天分豊かな芸術家的資質にもとづいている。そのパンチのきいた躍動するような文体は、それを実証している。

高橋は小菅刑務所在獄中に結核の末期症状で重体となり、あと一週間しかもたぬと診断されて刑の執行停止となった。再び立つことはなく一九三五年十一月息をひきとった。わずか三十年の、短いけれど波瀾《はらん》万丈の生涯であった。暗夜をよこぎる流星のようにこの世を去っていったが、稀に見る充実した一生であったと言える。

高橋貞樹は、「今死ぬのは残念だ。同志諸君によろしく!!」という最後の言葉を残して、息をひきとった。小石川の小さな寺に葬られたが、彼自身の墓はない。墓を持つことがなかった多くの貧しい庶民とともに、共同納骨堂の中で静かにねむっているのである。

（『ヒューマン ライツ』90・5）

Ⅳ　天皇劇の舞台裏

神聖天皇劇と民衆——明治維新の舞台裏

はじめに

一八六八年の明治維新から、一九九〇年の今日まで、ちょうど百二十二年が経過している。その百余年間に、東洋の〝半開〟の一国にすぎなかった日本は、幾多の紆余《うよ》曲折《きょくせつ》を経ながら、ついに世界屈指のハイテク経済大国にのしあがった。あの第二次大戦の、屍臭《ししゅう》の漂う硝煙もたくみに吸い取り、廃墟と化した焼跡も目に見えぬように巧妙に地均《じなら》しして、再び世界列強の仲間入りを果たしたのである。その百余年の過程は、〈近代化〉というような、恰好《かっこう》良いコトバでは言いつくすことのできぬ、世界史でも類を見ぬ世紀の大実験の連続であった。その世紀の大実験の中でも、その最《さい》たるものが、明治維新の有司専制グループによる神聖天皇制の復権、いわゆる〈王政復古〉であった。そしてそれに続く天皇制ナショナリズムの構築と、その軍隊による帝国主義的アジア侵略であった。この小論は、その世紀の大ドラマの舞台裏についての私なりのスケッチである。

さて、近世末期に至って、この日本列島も、〈近代・西欧・文明〉の巨大な波に洗われだした。そして、明治維新からの日本は、それまでの東アジア文明系から、西欧文明系に一挙に乗り移ることによって、大きい転換をなしとげた。アジアの辺境に位置していた日本が、西欧からの〈資本の文明化作用〉をもろに受け始めたとき、何がどのように変わっていったのか。滔々《とうとう》たる西欧文明の流入を前にして、民衆の風習・民俗・信仰・意識は、どのように変貌していったのか。

古層にあった東アジア文明系の上に、怒濤《どとう》のように西欧文明系の諸要素が、新層として雪崩《なだれ》込んできたのだ。そして、古層と新層との間で起った文化摩擦は、稀にみる大きい熱量を発散し、多くの民衆をたじろがせた。この過程は、世界史的にみても注目すべき文化変動であり、社会変革としても世紀の大実験であった。

それ以来、国家としての日本は、世界史にもあまり例を見ない急速な発展をとげた。それまでの日本は、長崎と対馬という窓口を残して、海外との交流を自らの手で閉ざしてきた極東の一小国であった。だが、開国に踏みきるや否や、半世紀を経ずして、たちまちアジア最強の資本主義国にのし上がった。その資本主義的発展の内容も、方法も、速さも、過去に類例を見ない特異なものであった。

もちろん、私は資本主義発展の一般法則から大きくはずれてしまったという意味で、日本資本主義生成の特異性を強調しているのではない。当時の日本の支配権力が、限定された社会的基盤と主体的条件のもとで、実に巧妙に、独自の近代化のコースを選択したというほどの意味である。コースを選ぶ実権を持っていたのは、明治維新後の国家権力を握った少数の有司専制グループであった。民衆自身は、気がついてみたら、そのレールの上にうまく乗せられており、列車はその軌道をひたすら驀進していたのであった。

それでは、「文明開化」「富国強兵」というスローガンに代表されるその発展の特異性とは、一体どのようなものであったか。とりあえず、おおづかみに言っておけば、次のようにまとめられるだろう。

①植民地化の意図をもってアジアに入ってきた西洋列強の圧力に対抗しつつ、国家権力の一元化に成功し、上からの資本主義化を短期間に強行的になしとげたこと。

②近代化の過程で、天皇制をはじめとする伝統的な残存物の再生利用を最大限に有効に行ない、それを国権的統治システムの中にたくみにはめこんだこと。

③その新政治体制形成の初発から、アジアの諸国に対して、軍事力を背景とした帝国主義的発展の志向性をはっきりと示していたこと。

④国家目標をいちはやく提示し、天皇制のもとでの海外侵略型ナショナリズム思想

の形成によって、民衆の価値観の上からの組織化に成功したこと。

帝国主義の牙をむきだしにした欧米列強は、十八世紀に入るや虎視《こし》眈々《たんたん》と東アジアにおける市場を狙っていた。このような〈資本の文明化作用〉に否応なしに直面させられた日本が、選択しうる道はたしかに限定されていた。他のアジア諸国のように植民地化の危機に陥らぬためには、急いで国家体制の中央集権的一元化を果たして、上からの資本主義化を促進していくより手がないと、当時の支配権力は判断したのであった。

明治維新の前夜

明治の新政府は、近世の胎内で主として民間レベルで自生しつつあった新しい文化形成への若芽を含めて、江戸時代の民衆文化や技術を、維新にふさわしくない古いものとして切り捨てようとした。そして外国産の文明体系を急いで移植したのである。長い時間をかけて、草の根の民衆が日本の風土の中でつくりだしてきたさまざまの文化習俗や伝統的技能を、そこには正と負の両要素が混在していたにもかかわらず、〈近代化〉の名のもとに一掃しようとしたのである。

十九世紀はじめの文化文政段階を頂点として、下から広汎に自生しつつあった民衆文化をどう評価するかという問題は、今後の日本論を考えるうえでも、きわめて重要な課題として残るであろう。維新後の新政府にしても、近世内部で培われてきた文化的基盤がなければ、とうていあのように急激な近代化はなしえなかったのである。

一万五千を超えると推定されている都市・農村レベルでの寺子屋の発展、ベストセラーは数千冊を超えるほどの書籍の普及、江戸で五百、京・大坂でそれぞれ三百をこえる貸本屋、西洋近代絵画に大きい衝撃をあたえた浮世絵の発展、民衆意識の中に滲透していた実学奨励《しょうれい》・技術振興《しんこう》の気風、西洋には見られぬ庶民レベルでの旅行の普及と郵便制度に代表される情報流通のすばやさ――これらの数字を挙げてみても、識字率、文化の普及度は、当時の西欧の民衆の水準を抜いていたことが最近の研究で明らかにされつつある。政治権力に関与せぬ民衆が文化を担っていたという点では、十九世紀において世界第一級の水準にあった。

例えば、土地所有と雇用形態に大きい問題はあったとしても、家族労働力を主体とした技術レベルの高い集約農業。太陽・風・水・森林といった自然の巧妙なフローに依存し、最大限に地方の地理的特色を生かしたソフト・エネルギー・パスの開発。各地方の特産品にみられる伝統的技術を生かしたマニュファクチュア工業の発展……。

それになによりも特徴的なのは、近世文化を代表する歌舞伎・人形浄瑠璃にみられるように、それらが西欧の宮廷文化とは全く反対に、中世以来の賤民文化の系譜を引くものであったことだろう。河原者とさげすまれながら、度重なる幕藩権力の弾圧にもかかわらず、世界の芸能史に残る独自の芸術様式を民衆みずからの手で創造していったのであった。しかもその内容も、たとえば紺屋の職人出の四世鶴屋南北に代表されるように、パロディーのなかに支配体制批判の尖鋭な目がひそみ、登場する人間像も、旧来の儒教的倫理や封建的類型をはみでた新しい庶民的個性が造型されていたのであった。

もちろん、ここにあげたような正の要素ばかりだったわけではない。近世身分制にみられるような苛酷な差別と抑圧の体系など、除去さるべき負の要素も多かったことはたしかである。しかし、西洋文明をモデルとしてひたすら近代化路線を追求した明治新政府は、これらの、まさに日本の土壌そのものから自生してきた伝統的文化の系譜をここで断絶し、一挙に西洋流に衣更《ころもが》えしようとしたのだ。

そしてそれ以降は、民衆自身の手による新しい文化創造の根を断ち切る方向で、国家による上からの文化管理と技術導入が新しい文明モデル創出の基軸に据えられていったのである。そのような身ぐるみの総衣裳替えの中でも、天皇制の全面的な復権とそれにともなう神道国教化政策だけは全く別であった。

明治維新は、未成熟な要素を多く残していたとしても、基本的には近世幕藩体制を廃し、新しい資本主義的な社会関係の確立を目ざした近代化革命であった。しからば、なぜ、新政府の権力を握った国権派が、本来ならば封建的遺制として廃止されるべき王制の再生強化を意図したのであろうか。

フランス革命に典型的に見られるように、王制は近代化革命にさいしてはその障害物として打倒の対象となるべきものであった。ところが、その逆に、その天皇制を国家秩序のカナメとして残したにとどまらず、それにかつてない強大な政治的、軍事的権力と財産をあたえた。それどころか、アマテラスオオミカミ以来の神聖な皇統を継ぐ万世一系の王として、国民統合の価値的シンボルの中軸に据えたのである。

明治体制の初期段階では、民衆の眼からすれば、新生日本国家の進むべき方向は、まだはっきりしていなかった。奔流のように進んでゆく近代化の過程を、漠然とした不安感と危機意識でもって、ただ見守っているだけであった。国民の半数がまだ充分に字を読めず、新聞・雑誌を購入する経済的余裕もなく、不確かな伝聞的情報に頼るしかないという状態であった。大衆の思想も、どの方向に流れてゆくか、まだわからない状態であった。

尊皇論とナショナリズム

新しい社会の形成にさいして、もっとも重要な課題は、国民統合の理念をどのように設定するか、いかなる国家目標を掲げるか、またそれに向かってどのように大衆を馴致《じゅんち》してゆくか——言いかえれば、上からの新しい文明モデルの創出、国家規模での広汎な〈同意の大系〉の組織という課題である。これこそが、国権派のかかえていた最大の難問であった。すなわち、維新の諸改革を強行しつつあった新政府は、まず旧幕府勢力の社会的影響力を一掃し、新たな国家的理念＝体制イデオロギーを打ち出して、国民大衆を思想的、道徳的にも統治していかねばならなかった。

その場合、その統治理念は、どのような社会思想といかなるイデオロギー体系に依拠すべきか——これは新政府権力にとっても、なかなかの難問であった。幕藩体制の支配的イデオロギーであった儒教倫理、あるいはまた、民衆の中に深く滲透してはいたが腐敗の極に達していた仏教思想に依拠して、新しい国民統合の理念を打ち出すことはとうてい不可能であった。むしろ旧幕藩権力の支柱となっていた仏教教団の権力をそぎ落とすことが、当面の急務であった。

さりとて、西欧の近代民主主義と一体となっているプロテスタンティズムや、ローマ教会の世界的ヒエラルヒーを背後にもっているカトリシズムを積極的に受け入れていくことは、いろんな点で危険であった。上からの中央集権的な政府権力の創出を意図していた新政府の構想からしても、とうてい容認できない路線であった。キリシタン禁制を解けば、すでに三百年前にその先例を見たように、民衆のあいだに急速に滲透していくだろう。しかし、そのような西洋風道徳倫理の流行は好ましくないと政府は判断したのである。

そして、民権派の主張するように、近代市民社会の編成原理である社会契約論的な民主主義思想をもち込むことは、国権派の支配体制を維持するためにはとうてい認められないことであった。

そこで選択されたのが、国家神道を再確立し、政教一致の天皇制によって国民教化を強行していくコースであった。新政府部内での尊王攘夷派の主導のもとに、一八六七年の〈王政復古〉の大号令の直後からその路線が実行に移された。神祇官・太政官制を復活し、古神道の姿に復元すべく神仏分離の令を発した。

新帝即位後は、この神道国教政策はさらに強化された。近代社格制のもとに行政による神社の掌握が徹底すると、〝宗門人別帳〟にかわって〝神社氏子制度〟による近代的戸籍の編成をもくろんだ。一八七二年（明治五）には神祇省を廃止して教部省を設け、その教導職に対して、「敬神愛国」「天理人道」「皇上奉戴・朝旨遵守」の三ヶ条の教憲を国民教化の原則として提示した。

このようにして、幕府打倒の対抗理念としてもちだされていた〝尊皇論〟をそのまいただき、それを新たなナショナリズム生成の核に据える路線がとられた。天皇を家長とし臣民を赤子《せきし》とする〈家〉の原理に、文明開化という衣裳を着せ、それを統治体系の基軸におこうと考えたのである。

水戸学を中心とした尊皇論は、『記』『紀』神話を歴史的事実として認め、万世一系の天皇制をいただく日本の国体を「万邦無比《ばんぽうむひ》」のものとしてその優越性を説いていた。そして、皇祖神アマテラス以来の血統を保持した天皇こそ、この豊葦原中国《とよあしはらのなかつくに》を統《す》べるべき君主であると主張した。この尊皇論は、幕府打倒に決起した一部の武士の間では広がりつつあったが、権力闘争の埒外《らちがい》におかれていた一般民衆の社会意識の中までは滲透していなかった。

　ところが、西欧列強による軍事的侵略の危機がはっきり見えてくるにつれて、攘夷論が急速に高まっていった。西欧の軍隊のみならず、その思想や文物の上陸を阻止して日本を守ろうという攘夷の主張は、しだいに尊皇論と結びついていった。そして、その危機に十分に対応することのできぬ幕府にとって代わる、強力な国家権力が必要であるという認識がしだいに広がっていった。それは新しい国家意識の形成という方向に動き、いわゆる「尊皇攘夷」派として急速に組織されていった。

　開国維新の過程で、蒙昧《もうまい》で時代遅れのイデオロギーであった攘夷論は、しだいにその影響を失っていったが、尊皇論は生き残った。つまり、アヘン戦争（一八三九〜四二）の衝撃をきっかけとして、しだいに広まっていったナショナリズム意識が、他に有力な対抗理念がないままに、そのまま尊皇論に横滑りしていったのである。そして急転直下、〈王政復古〉という形で明治新国家が誕生すると、尊皇論がたくみに換骨奪胎されて新国家の中枢理念としてよみがえったのである。

神聖天皇の復活劇

明治天皇（一八五二～一九一二）は十五歳で即位したが、その晩年には大帝と呼ばれるようになった。外に向かっては日清戦役・日露戦役・韓国併合と帝国主義的膨張をなしとげ、内にあっては日の神アマテラスオオミカミの皇統をひく〝聖なる王〟として国民統合のシンボルとなり、ついに大帝と呼ばれるようになった。その在位期間四十五年――この短い期間で、アジア最大の強国、「万邦無比の国体」を自称する大日本帝国の大帝となった。

たしかに明治天皇は、王個人の英雄的カリスマ性と、「神武創業以来」の皇統という神話的カリスマ性を見事にドッキングさせて〈大帝〉と呼ばれるようになった。

カリスマ（Charisma）とは、神から授けられた呪術的な霊力、あるいはそのような異常な霊力《マナ》を身におびた超自然的存在のことである。そして世襲的カリスマ性とは、そのような超自然的霊力がずっと受け継がれて、世俗とは隔絶された至高かつ神聖なモノとして存在していることをいう。

ヤマト王権は、改めていうまでもなくこの列島の先住民族を制圧して君臨した征服王に外ならなかったが、支配下の民衆に対しては、自からが皇祖霊を受け継ぎそれを祀る祭祀王として登場していたのである。血にまみれた領土奪取と悲惨な先住民族征服の記録は、民衆の目から隠されていた。先住民族抑圧の歴史は、『記』『紀』においては、神代篇の「天孫降臨」神話、「神武東征」神話として巧みに粉飾されていたが、この近代化革命のさなかに再び恭《うやうや》しく語り出されたのであった。

カリスマ的支配の大きい特徴は、そのような神聖な王権の持つ霊力に対して、支配されている民衆が情緒的に帰依し、あたかも神に服するかのように心服するところにある。そのためには、外からこの国土にやってきて武力で王座に着いた征服王であるという歴史的事実は、どこまでも隠蔽《いんぺい》しておかねばならなかった。

もちろん、そのようにして世襲的カリスマ性をずっと持続していくことはなかなかむずかしい。そのためには、いろいろの道具立て、パフォーマンスが必要である。すなわち、先にみたような天孫降臨神話の創出、それを裏付けるための神秘的儀礼、カリスマを象徴するシンボル（三種の神器）、さまざまの禁忌《タブー》――そういったもので麗々しく王権の実体を粉飾していかねばならない。

このようにして古代国家における天皇は、聖なる皇孫《すめみま》として君臨したのであるが、〈王政復古〉にさいして、再び神話にもとづく儀礼やパフォーマンスを大々的に再構築していかねばならなかった。

そのようなカリスマ性を継承するためには、皇祖以来の霊力《マナ》を身につけること、すなわち、死んだ旧帝から即位する新帝への《天皇霊》の転移がもっとも重要な儀式となる。そういうモノモノしい儀礼のもとで、タカミクラに鎮座して人民《オオミタカラ》に新たに皇統を継いだ天皇であることを宣言するのだ。代替りごとにそういう儀式を行なわないと、民衆の前に顕示《けんじ》されるべきカリスマ性はしだいに失墜してしまうのだ。

戦前の「登極令」でいえば、践祚の儀、即位の礼、大嘗祭、改元——以上の四つである。なかでも天孫降臨神話に出てくる真床覆衾《まとこおうふすま》によって、新帝への天皇霊の転移がたしかめられる秘儀である大嘗祭が、もっとも重要な皇位継承儀礼となる。これを執り行なえなかった新帝は、古くから〝半帝〟であるとみなされたのである。

明治天皇は、一八六八年八月に即位式を行なう。そのさい地球儀を紫宸殿の高御座の前におき、天皇が王座を離れて日本国の部分に三度沓《くつ》をあてた。誰が考案したのか知らぬが、新時代にふさわしい秘儀として演出したのであろう。そして大嘗祭は、一八七一年十一月に挙行された。明治天皇は古式にのっとって、天皇霊＝神威を身に帯びて維新の舞台に登場してきた。そして、黒船以来の「神国受難」の苦しい時代をなんとか乗り切ることに成功した。

かくしてこの天皇は、「万邦無比の国体」を全世界に宣揚した《現人《あらひと》神》として崇《あが》められるようになり、ついに大帝と称せられるようになった。このような大帝の突然の出現、その手による「大日本帝国」の形成が、アジア史上のみならず、世界史上でもあまり例を見ない歴史的大ドラマであり、世紀の大芝居であったことはたしかであろう。神聖天皇の復古劇は、かくして当初の予想をこえた大成功裡にその第一幕を閉じたのであった。

「王政復古」と「文明開化」の二刀流使い

だが、歴史の表層を一皮剝《は》げば、この大ドラマ、大芝居の楽屋裏がすぐ見えてくる。改めて言うまでもなく、日本だけではなくアジア各地の多くの民衆の膏血《こうけつ》を絞り、その汗と血の上で明治天皇紀の四十五年にわたる大ドラマが演じられたのである。

ところで、世紀のビッグ・イベントであったこの一大《天皇劇》の製作者は、一体誰であったのか。一口で言えば、この大芝居のプロデューサーは「有司専制」と呼ばれた薩長藩閥を中心に、明治新政府の実権を掌握した一にぎりのグループであった。そして、この大ドラマの憲法制定前後からの総監督《ディレクター》が、伊藤博文（一八四一〜一九〇九）であったことはよく知られている。

だが、その舞台のカゲには、いろんな道具立てによってこの大芝居を進行させた本当の演出者がひとりいたのである。それは、誰であったか。伊藤の指揮下で動いた実際の舞台監督、それは井上毅《こわし》（一八四四〜九五）であった。

井上は熊本藩士の出で、一八七〇年に大学南校中舎長となり、七二〜七三年にフランスに留学して司法制度を学んだ。当時としては西洋事情にもよく通じている数少ない研究者肌の官僚であったが、同時にまた漢籍や日本の歴史・古俗にも詳しかった。頭の乾涸《ひから》びた旧尊皇派とは違って、西洋社会に通じた開明派であり、同時に中国律令制の思想的基礎を築いた韓非子の統治術を規範と考える能吏であった。法制局長官、枢密院書記官長、枢密顧問官を歴任して、大転形期の新政府の実質上の舵《かじ》取りとなった。

オモテでは古代律令国家の新版と見まがうような神聖天皇劇を進行させながら、そのウラ側では着々と「文明開化」「富国強兵」という近代化路線を推進しえたのは、彼の采配によることが大きかった。明治十四年の政変ではカゲで参謀として大活躍し、憲法制定にさいしては立案起草のリーダーとなった。そして、「大日本帝国ハ万世一系ノ天皇之ヲ統治ス」（第一条）、「天皇ハ神聖ニシテ侵スヘカラス」（第三条）といった近代民主主義に逆行する憲法を、民権派の発言を封じ込めて抜打《ぬきう》ち的に制定してしまった。

井上毅の二刀流使いとでもいえる懸命の演出によって、はじめてこの世紀の大芝居が進行しえたのである。（『大日本帝国憲法』、『皇室典範』の実質的起草者は井上毅である。その国民的啓蒙版であり実践的道徳書ともいうべき『教育勅語』も、元田永孚《ながざね》と井上の合作であるが、元田の儒教的君主論を抑えて実際に主導したのは井上であった。）井上は、新国家の統治体系として律令的皇統観念を基軸とする国家神道体系を構築し、そのもとで〈脱亜入欧〉という独特の近代化路線を構想したのだ。緊迫する極東情勢をにらみつつ、新しい政策を次々と積極的に打ち出していった。

新しい政策とは何か。地租改正など一連の経済政策による上からの強行的な資本主義化、学校制度を整備し近代的労働力を確保していくこと、徴兵令によって軍事力をたくわえ、きたるべき海外進出にそなえること、等々であった。

このような両面作戦を巧みに主導したのが伊藤博文・井上毅のラインだった。ゴチゴチの尊皇派では、とうていこのような戦略構想のもとでの大芝居を打つことはできない。つまり、明治維新の当初は、《現人神》を上にいただく国家の統治形態と、急速な近代化を計ろうとするその国家政策の内容とは、一見したところ相容《あいい》れないほど矛盾していたのだ。しかし、そのことは、新政府首脳もよく承知していた。その真の狙いは、あとでみるように天皇の神威を借りて、当然噴き出てくるであろう反政府運動を未然に叩き潰し新路線を強行するところにあった。その決め手として用いたのが「不敬罪」「大逆罪」という刑法規定であった。「天皇ハ神聖ニシテ侵スヘカラス」という時代錯誤的な憲法条項が、この刑法を支える決め手として第三条におかれたのはそのためである。

一口に言えば、近代化の社会的過程で、天皇制という伝統的な統治システムの活性化、つまり、その再生利用を最大限に有効に行ない、新生天皇を国民統合のシンボルとして、新しい国権的統治システムの中にはめこんだのであった。

江戸時代では、多くの民衆は天皇の名を知らなかった。その時の将軍や有名大名の名は知っていただろうが、現存の天皇が何天皇であるかを知っていたのはせいぜい地元の京都であって、ダイリが何者であるかを知っていた民衆はごく少数であろう。一にぎりの上層身分や公儀《こうぎ》とかかわりのある特別の職能を持つ者を除いては、一般民衆は、天皇とはなんのかかわりもなかった。辺境の地に住む人びとは、天皇の名はもちろん、その存在すら知らなかったであろう。営々と働きなんとか生き抜いていかねばならぬ下積みの民衆にとって、天皇の存在は必要事でもなければ必然事でもなかった。天皇を〝有難き神様〟として崇《あが》めねばならぬ根拠は、なにひとつなかったのだ。

ましてやアマテラスオオミカミ、ニニギノミコト、ジンムといってみたところで、民衆にはなんの因縁《いんねん》も所縁《ゆかり》もなかった。江戸時代の「伊勢まいり」にしても、農業神である外宮のトヨウケノカミに手をあわせることはしても、内宮のアマテラスオオミカミ、その御神体である八咫鏡《やたのかがみ》を拝まねばならぬ理由はどこにもなかったのだ。そもそも室町時代まで、一般庶民は伊勢神宮に詣でることすら禁じられていたのである。

この「伊勢まいり」は、民衆のホンネのところでは上方めぐりをかねた一生一回の大旅行であった。その最大の楽しみは、伊勢古市の遊廓での大散財と芝居見物であった。伊勢まいりの宣伝のために全国を走り回ってオルグした伊勢の御師《おし》たちにしても、いちおうは神道という宗教的な外衣をまとってはいたが、その実態は、今流に言えば観光業《ツーリズム》の草分けであった。伊勢信仰にしてもそのような実態であったから、アマテラスオオミカミの皇統を霊験あらたかな神様と仰ぐような慣習は、民衆の間にはあまりなかった。

天皇は、江戸時代ではダイリ（内裏）、キンリ（禁裏）と呼ばれたが、外向けにはミカド（帝）と呼ぶこともあった。明治維新後でも、皇上・皇帝・聖上・至尊・主上などさまざまで、民衆向けには天子・天子様という用語がおもに用いられた。さまざまの呼称が混用されたということは、新政府の実権を握った有司専制グループにしても、最初の間は新しい王権の性格について、はっきりしたイメージを持っていなかったことを物語っている。

討幕派の志士たちが、天皇を《玉》という陰語で呼んだことはよく知られている。木戸孝允より品川弥二郎あての書簡では、次のようにはっきり玉と書いている。「甘《うま》く玉を我方へ抱き候御儀、千載《せんざい》の一大事にて、自然万々一も彼手に奪れ候ては、たとへいか様の覚悟仕候とも、現場の処、四方志士壮士の心も乱れ、芝居大崩れと相成……」（慶応三年十月二十二日）。玉は「ギョク」とも「タマ」とも読める。「ギョク」は、邪悪を払う霊力、生成の呪具《じゅぐ》として用いられた光沢の美しい石である。「タマ」は、術策の手段、計略の道具をあらわす俗語である。この両方の意味を含んで天皇を《玉》と呼んだのであろう。それにしても、「芝居大崩れ」という表現が興味深い。《玉》としての天皇をいかにうまく担《かつ》ぎこなしていくかが、この大芝居の成功の秘訣であると考えていたのだ。もちろんこの場合の「こなす」は、「自分の思うようにうまくあつかう」ということである。

天皇という呼称が確立していくのは、一八八〇年代に入ってからである。元田永孚の『国憲大綱』（一八八〇）がそれを示唆し、『帝国憲法』によって、「大日本帝国ハ万世一系ノ天皇之ヲ統治ス」と、正式に天皇という呼称が定められた。

この『帝国憲法』と『皇室典範』の規定（一八八九年）によって、〈王政復古〉の大号令が目ざしたものがようやく実現したのである。その間、約二十二年が経過した。自由民権運動をはじめとするさまざまの反政府運動があったが、一八八〇年に公布した刑法ではじめて不敬罪を法文化し、天皇の神権についての批判を禁じたのが大きい決め手になった。

近世における西洋人の天皇観

戦国時代から江戸時代にかけて、西洋からはじめて外国人がやってきた。戦国時代はおもにカトリック系の司祭たちであったが、鎖国以後はプロテスタントであるオランダ系がとって代わった。彼らの多くが興味深い紀行文や報告書を残している。彼らのレポートは、いま読んでみても当時の〝異国人〟の日本論としてきわめて興味深い。さまざまの日本論がみられるが、彼らによくわからなかったのが天皇の存在である。天皇なるものは、まことに不可解な存在に見えたようだ。

十七世紀に来日したドイツ人医師E・ケンペルの『日本誌』にみられるように、彼らのほとんどは日本には二人の元首がいると考えている。すなわち、徳川将軍を世俗的皇帝、天皇《ミカド》を宗教的皇帝としてとらえている。しかし、すべての実権は将軍にあって、実質上の「日本国王」は将軍であるというのが彼らの共通認識であった。

生身《なまみ》の人間である天皇が、宗教的に神聖な存在であるということは、西洋の合理主義や一神教のキリスト教思想では、どうにも理解できぬものであったようだ。アマテラスオオミカミ以来の皇統であるがゆえに〝聖なる王〟なのだと教えられても、彼らには珍紛漢紛《ちんぷんかんぷん》であったろう。

日本人の説明するところでは、天皇が君臨する正当性の根拠は、ただアマテラス・ジンム直系の、血統の至高性にあるだけである。それ以外には、その神性な宗教性を具体的に実証する属性はなにもないのだ。そもそも天皇は身分制を超越しているところの、証明可能の論理に先立つところの、生得的《アプリオリ》な聖性の保有者であり、生き神様とみなされているのである。

こういう理屈が近代の西洋人に通じるわけはない。西洋では王権神授説はすでに消えつつあり、すべての国王は自らの武力でその国土を簒奪《さんだつ》した征服王であった。王権もまたそれを自認していた。その強大な軍事支配力によって、身分制の上に君臨していたのである。ところが日本では、神聖な王権の由来がまず「天孫降臨」神話から説明される。彼らは面食《めんくら》ったであろうが、ともかく、極東の小国ジパングからの情報として、その神話をかなり忠実に紹介している。

彼らは、客観的かつ冷静に天皇の存在を観察している。一五七九年から一六〇三年まで、三たび来日し合計で七年ほど在日したイエズス会司祭A・ヴァリニャーノは、その日本巡察報告書で、次のように内裏《だいり》、つまり天皇について言及している。

「内裏は諸領主や武将に位階を与えるので、表面では、領主はもとより公方《くぼう》（＝将軍）でさえも内裏に敬意を表しているが、実際には服従もせず、援助も俸禄も与えず、ただ公方、あるいは公方に代わって天下――日本国――を統治する者が僅少のものを彼に給するのみであり、内裏はある意味ではこの実力者に従属していると言える。」（『日本巡察記』松田毅一訳、東洋文庫版）

それからおよそ二百年後、江戸時代も後期に入ってくると、西洋人の天皇観も、その分析の目が鋭くなってくる。一八二〇年から二九年まで、九年も長崎に滞在したオランダ商館の下級職員F・O・フィッセルの天皇についての観察は深い。彼は将軍の権力と比較しつつ、次のように天皇の神聖性の実体を分析する。

「ミカドの宮廷は主として公方《クボー》から支出される費用によって賄《まかな》われている。この公方からの支出は非常にけちなもので、ある位の高い内裏の役人が、もし何らかの使節として派遣される際に、その人に対して衣類やまたはそれに類する品物が贈られることがあれば、それは大へんな幸運とされたものである。内裏《ダイリ》は、どんな人でも、収入、品位、または生まれに応じて、神聖なものの数に加え、あるいはまたその人にある宗教的地位を与えてその名を永く伝える権限を持っている。ミカドはこの権限をしばしば行使するが、それに対して返礼として高価な贈物が贈られるので、それはミカドの収入の一部分をなしている。しかしこの特別の栄典にはまずもって公方《クボー》の助言または承認が必要で、それなしでは与えられない。公方はミカドの行動の全般にわたり、またあらゆる点について監視する。また内裏の城内に将軍の軍隊を駐留させている。この軍隊は危急のミカドを護衛するための親衛兵のごときものとされているが、実は、ミカドの神聖なる人格をいつかなる時でも自由に支配しようとする意図によるものなのである。」

この考察は鋭い。このあたりの叙述は日本人の友人から聞いた話ではなく、彼自身の考えにもとづいているのだろう。幕府はミカドの「神聖な人格」を心底から信頼しているのではなく、「いついかなる時でも自由に支配しようとしている」と喝破《かっぱ》している。そして、ただ国民統治のために便宜上ミカドを存続させているにすぎないと、次のように結論している。

「この措置から考えて、政府はこのミカドという神聖な人格を必ずしも信頼しているわけではなく、また主として人民は国家および社会に忠実に奉仕せねばならないという原理に基づいている古い神道の教えの支柱としておくために、ミカドを単に存続させておくものと推測せねばならぬように思われる。その他の点についても、内裏の権力は本来きわめて小さいものである。したがって、ミカド、すなわち内裏という語句の翻訳としてこれまで与えられてきた宗教的皇帝という称号は、きわめて不適当なものである。」(『日本風俗備考』I、庄司三男・沼田次郎訳、東洋文庫)

シーボルトの日本民族源流論

一八二三年から二九年まで滞在し、例のシーボルト事件で日本御構《おかまい》(入国禁止)となって長崎を去ったF・V・シーボルトは、禁止令が解けて一八五九年に再来日し、一八六二年まで滞在する。足かけ九年は滞在したので、もっともよく日本を見た外国人と言える。彼は日本に関する西洋人としては最初の体系的な研究書を著《あらわ》して、さまざまの角度から日本の歴史、社会、文化、民俗をリアルに捉えようと努力した。

彼の畢生《ひっせい》の大作『日本』を読むと、アマテラスオオノカミ（ママ）やジンムなどについても難解な古書を学んでいたことがわかる。おそらく必死に勉強したのだろう。その勉強したところを、そのままかなり忠実に記録している。

外国人でもこれほど知っていたのだから、当時の日本人がみなこれほどの知識はあったのだろうと即断してはならない。なぜなら、シーボルトが親しく接触し日本事情を学んだ日本人は、当時としてはきわめて限られた文人・武士の知識層であったからだ。そして居住区も長崎居留地に限定されて、下層の社会に住む庶民とは自由に付きあうことはできなかったのであるから、「草の根」の民の声は彼にはあまりとどいていないのだ。

医学者・博物学者でありながら、人類学・民俗学にも造詣が深かったシーボルトは、日本人の民族的起源についても深い関心を抱いていた。彼は日本列島に最初の王朝をたてた神武天皇が実在したかどうか、実在したとしたらどこからやってきたのかと考えたのだろうが、あまり深く突込むこともなく天孫降臨神話を紹介しているだけである。

数年間の滞日では、日本古代史の深層まで分析の手がまわらなかったのは当然であろう。彼の本意は日本民族形成史研究にあるのであって、彼の古代史記述を深読みしてはならない。その江戸への参府紀行を読んでも、天皇の存在についてきわめて冷淡で、ほとんどページを割いていない。京都に寄ったさいの記述も簡単で、やはり人心がもはや天皇にはないことをいちはやく見抜いていたのだろう。ところが、江戸の将軍については、それに十数倍する関心を示している。

やはり特筆しておかねばならないのは、彼の日本民族形成史論であろう。彼は、日本人の祖先は、①大陸からやってきた中国人なのか、②同じモンゴロイドである韃靼《だったん》人なのか、③それとも多くのアジア人種の混合によって形成された複合民族なのか――この三通りを考えていた。彼なりにいろいろ考え調査したが、とうとう明確な結論を得ないままに日本を去っていった。だが、①ではなくて、たぶん③であろうという見通しだけはたてていたようである。

彼がもっとも深い関心を抱いたのは、北辺に住むアイヌの民であった。彼は日本考古学の先駆者である木内石亭（一七二四～一八〇八）の石器研究からいろいろ学んだ。木内は、おもに奥州から出土した石鏃や石斧を千点以上も集めて丹念に比較研究し、それらの出土品の年代を、七、八千年前であると推定していた。そして、それを使用したのは王化に浴さない〝化外の民〟として賤視されていた蝦夷《えみし》であるとみた。蝦夷がアイヌとどうかかわるのか、そのことは木内にとっては解明困難な課題であった。しかしこのことは、日本列島の先住民、つまり日本民族の起源を考える上で、きわめて重要な問題提起であった。

この話をうけてシーボルトは、アイヌこそ縄文時代からの先住民ではないかと考えた。アイヌ民族が日本民族生成史の重要なカギを握るとみたのであるが、それはまさしく正しい洞察であった。こういう自然人類学的な研究が進んでくると、「天孫降臨」神話の類はミエミエの虚構であることがはっきりわかってくる。今日の自然人類学の到達水準からみても、このようなアイヌ先住民説は画期的な新知見であり、それは明治以降の日本の人類学研究にとって大きい刺激となった。(この項については、「日本人の起源について」『日本』第六巻所収、雄松堂版を参照。なお一言付言しておくと、今日では、アイヌは縄文時代からこの列島に住んでいた古モンゴロイド系の末裔であり、この列島に住んだ原日本人の子孫とみなすべきだという見解が、自然人類学者の多数意見である。例えば、埴原和郎篇『日本人はどこからきたか』一九八四、小学館。同篇『日本人の起源』一九八四、朝日新聞社などを参照されたい。)

「君臣ノ大義」を説く人民告諭書

このような有様であったから、幕末の頃の四千万民衆の多くは天皇の存在を知らなかった。下々《しもじも》の民衆で、内裏《だいり》の存在を知っていたのは、せいぜい京・大坂を中心とした畿内の住民であろう。その存在を知っていても、それを自分にひきつけて意識したことはなかったといえよう。

ところが、明治維新の大動乱のさなかに、天から降ったか地から湧いたか、突如として《天子様》が民衆の前に現われたのである。下々の地下《ぢげ》にとっては、殿上人の動きは雲の上の出来事であった。その事情もよくのみこめないままに、天子様の存在を告げる新政府の「人民告諭書」なるものが各地で出されたのだ。今でも各地に残されているこの告諭書は、社会思想史の視点からみてもきわめて興味深いものだ。これを書いた官側も、いかにしてこの歴史的大転換期を乗りきっていくかと苦渋している様がはっきりとみてとれる。

この「人民告諭書」は、新政府が、天皇支配の正統性を説いて、いちはやく神聖な天皇像を人民に滲透させるために、各府・藩・県に出させたものである。その最初の告諭は、一八六八(明治元)年十月に出された『京都府下人民告諭大意』であるが、それをモデルにして行政官は翌年二月に全国的に普及させる措置をとった。その中で次のように述べている。

「開闢《カイビャク》以来動《ユル》ギナキ皇統、開闢以来カハラザル下民ノ血統ナレバ、上下ノ恩義弥《イヨイヨ》厚ク益《マスマス》深シ。是即《コレスナワチ》万国ニ勝《スグ》レシ風儀ニテ、天孫立置《タテオキ》給フ御教、君臣ノ大義ト申モ此事ナリ。外国度々カワル君臣ニテモ、此大義ハ重キ事ニ言伝タリ。況斯《マシテカク》迄《マデ》久シキ御恩沢、飽《アク》マデ報ヒ奉ル志ナクテハ叶《カナ》フベカラズ。斯《カク》申セバ一銭ノ御救ニ預リシ事モナク、一点ノ御厄介ニ成《ナリ》シ事モナク、我働ニテ我世ヲ渡リ、更ニ御国恩ヲ蒙リタル覚《オボエ》ナシト思フ者モアランカナレドモ、ソレハ大ナル心得違《ココロエチガイ》ニテ、諺ニ云、挑燈《チョウチン》カリシ恩ハ知レドモ月日ノ照シ給フ恩ハシラヌ、トイフニ同ジ。御国恩ハ広大ニシテ極リナシ。能々《ヨクヨク》考へ見ヨ。天孫闢《ヒラ》キ給フ国ナレバ、此国ニアルトアラユル物、悉《コトゴト》ク天子様ノ物ニアラザルハナシ。生レ落レバ天子様ノ水ニテ洗ヒ上ラレ、死スレバ天子様ノ土地ニ葬ラレ、食フ米モ衣《キ》ル衣類モ笠モ杖モ、皆天子様ノ御土地ニ出来タル物ニテ、尚《ナオ》世渡リノナシ易《ヤス》キヤウニト、通用金銭造ラセラレ、儲ル金モ遣《ツカ》フ銭モ、尽《コトゴト》ク天子様ノ御制度ニテ用弁叶《カナ》フナリ。」（『法令全書』一八六九年二月三日）

なぜ、まず京都府から人民告諭を出させたのか。もちろん、京都には御所があって、ダイリの存在はみな知っているはずだから、なんとか受けいれられるだろうというヨミがあったのだろう。

さて、この文を冒頭からみてみよう。まず開闢とは、「天地の開けはじめ」の意である。この世の始まりから「動ギナキ皇統」があり、他方では「カハラザル下民ノ血統」があるというのだ。〈皇統〉と〈下民ノ血統〉――こういう対置をなんの論証もなしに頭において、それを「万国ニ勝レシ風儀」というのである。あまりにもフザけているではないか。

この文で興味深いのは、「国恩ヲ蒙《コウム》リタル覚ナシ」「一銭ノ御救ニ預《アツカ》リシ事モナク」

「一点ノ御厄介ニ成シ事モナク」という文脈にみられるように、人民の側からの反発をあらかじめ予想していることである。皇統の御恩恵をおしつけがましく説教してみても、「我働《ワガハタラキ》ニテ我世ヲ渡リ、更ニ御国恩ヲ蒙リタル覚ナシ」と人民の多くが反論することをちゃんと計算していたのである。

そういう反論を予想して、自分の働きでこの世を生きてきたと思うのは、「大《オオイ》ナル心得違ニテ……御国恩ハ広大ニシテ極《キワマ》リナシ」と説教してみせるのだ。人民にとっては迷惑千万な話だ。なんの根拠なしに、手前勝手な理屈を並べて天子様という《現人神》の出現を説くのだから、殿上人のことはあずかり知らぬ下々の民にとっては、まさに鳩が豆鉄砲を食ったようなものだ。米も衣類も笠も杖も「皆天子様ノ御土地ニ出来タル物ニテ」、お前たちが世渡りしやすいように「金銭」も造られたというのである。そして、その御恩に「報《ムク》ヒ奉《タテマツ》ル志」を持てと勝手にのたまうのである。まったく無茶苦茶な論理である。

ところで翌年に各地方で一斉に出された告諭書を読むと、冒頭の部分に次のような一節が入っている場合が多い。「動《ユル》ギナキ皇統」という文句だけでは不十分であると考えたのであろう。

「天子様ハ、天照皇大神宮様ノ御子孫様ニテ、此世ノ始ヨリ日本ノ主ニマシマシ、神様ノ御位正一位ナド国々ニアルモ、ミナ天子様ヨリ御ユルシ被《アソバサレ》遊候ワケニテ、誠ニ神サマヨリ尊ク、一尺ノ地一人ノ民モ、ミナ天子様ノモノニテ、日本国ノ父母ニシマセバ……」(「奥羽人民告諭」『法令全書』一八六九年二月二十日)

これは奥羽で戊辰戦争が終わった直後に出されたものであるが、この動乱期に農民一揆が激発するのにさいして、天皇の「御慈悲」を説いてなんとか鎮静させようとしたのである。このあとのくだりで、「会津ノ如キ賊魁《ゾッカイ》スラ命ヲ助ケタマウ」ほどの寛大な叡慮《えいりよ》を天皇は示しているのに、「百姓ドモ何ノ弁別モナク彼是《カレコレ》騒動イタシ……」ときびしくたしなめている。そして「蝦夷《エゾ》松前ノハテマデモ御撫恤《ブジュツ》行きとどくようにと「日夜叡慮ヲ労セラレ」ているとおしつけがましく説教する。こうなると、これはもうほとんどおどしである。

それから四年後、廃藩置県のあとで出された告諭類はもうすこし丁寧になっている。新潟県の戸長に対する告諭書では、今上皇帝が比類なき皇統の継承者であることをもったいぶって説明する。頭ごなしに天孫のかたじけなさを説いても、人民に通ぜぬことがわかったので、いくらか論法を変えたのであろう。

「今上皇帝、御諱《イミナ》ハ睦仁、玉算二十歳ニ坐《マシ》シ、希世ノ聖明ニ渡ラセラル。抑《ソモソモ》天祖国常立《クニノトコタチ》ノ尊《ミコト》初テ統ヲ建テ玉モ、天孫瓊々杵尊《ニニギノミコト》日向国高千穂峰ニ天降リ坐《イマ》シテヨリ百二十四代、神武天皇御即位紀元ヨリ二千五百三十三年ノ久《ヒサシ》キ、万国ニ比類ナキ皇統ナリ。然《シカリ》ト雖ドモ、数千年ノ間、世ニ汚隆ナキ能ハズ。今ヲ距ル七百年計《バカ》リ、源頼朝覇府ヲ鎌倉ニ開キ、政権永ク武門ニ移リシヲ、皇帝陛下ノ御宇ニ当リ王政復古シ、恐多クモ、日々太政官ニ臨幸マシ〳〵、政事ニ宸襟《シンキン》ヲ悩マシ、万機御裁定ノ上、之ヲ天下ニ布キ、以テ衆庶ヲ文明ニ導キ、職業ヲ励マサシメ、又地方ノ官ヲ置レ、猶《ナオ》懇論訓誡ヲ加ヒ、速ニ御趣意ニ基カシメント欲セラル、ナリ。」(『新潟県史』資料編14)

このようになんらの論証もなしに、天子様は「希世の聖明」と断言するのだから、ずいぶん無茶な話だ。よほど民衆を愚弄《ぐろう》してかかっていたのだろう。

新政府は、「告諭書」の線に沿って、〝聖なる天子〟イメージをあまねく滲透させるために着々と手を打った。そもそも一八六八年一月の〈王政復古〉は、「神武創業」の偉業ぶりをふりかえり、古代天皇王政への復帰を理念として「祭政一致」の新時代の建設を目ざすことを謳《うた》っていた。その基本路線に則って、一八六九年(明治二)八月二十六日に天長節を制定布告、翌日に即位大礼式、九月八日には「明治」と改元、同時に一世一元を永制として布告したのである。

新政府としては、古代の律令王政を模して、新たな統治体系を創り出すことが急務であった。もちろん、千年以上も前の律令国家をそのまま再現することはありえない。〈王政復古〉の大号令が出された三ヶ月後の「五箇条の誓文」では、公議輿論の尊重、人材登用、広く知識を世界に求めるなど、その後の「文明開化」の基本路線をいちはやく内外に明らかにしていたのである。

欧米では君主制の廃止が着々と現実化し、ラディカルな共和制を要求する革命的動きが全般化しつつあった。その時に、古色蒼然たる「天皇神権」論や「尊皇」論を丸裸で出してみても、西洋列強の物笑いになることは目に見えている。天皇をあるじとし臣民を赤子とする一君万民の思想は、儒教倫理にもとづく家父長制支配原理にそのままますっぽりとおさまる。それを新たなナショナリズム形成の核におくことは可能であるが、ただそれだけを国民統合の理念とするのでは、西洋列強の外圧に対抗する新しい思想を構築したことにはならない。そこで考え出されたのが、「文明開化」「富国強兵」「殖産興業」という一連のキャッチフレーズである。

かくして、この東洋の小さな国家は、《世界に冠たる神国》という古びた錦の御旗をふりかざし、《文明開化》という金銀刺繡の新しい衣裳を身にまとって、まっしぐらに走り出したのだ。

（『現代の理論』89・2）

近世民衆文明の足跡——日本史の転換点

明治維新以後の日本は、それまでの〈アジア文明系〉から〈西洋文明系〉に乗り移ることによって、世界史でも稀な社会変動をなしとげた。外圧に屈した形で、明治新政府は《脱亜入欧》路線による近代化に着手した。アジア文明系を、〝旧来の陋習《ろうしゅう》〟ときめつけ、伝統文化・在来技術・土着民俗を切り捨てて、一挙に西洋流に衣更《ころもが》えをしようとしたのである。

それでも私の少年期には、まだあちこちに古い習俗や昔ながらの年中行事が生き残っていた。ハレの日には門付芸人がやってきたし、猿まわしもよく露路まで入ってきた。門松・竹・注連縄《しめなわ》を村境に集めて焚く小正月のどんど（左義長）などもきっちりと行なわれていた。その多くは、中世以来の日本の基層文化に関連するものであり、中国大陸や朝鮮半島に由来するものも少なくなかった。

さて、明治維新直後から、基層にあった旧来の民俗文化の上に、西欧の新しい波が怒濤《どとう》のように流れこんできた。基層と新層との間で起こった文化摩擦は、あちこちで火花を散らして民衆をたじろがせた。二葉亭四迷、漱石、鷗外、荷風らの作品は、この衝突と摩擦の興味深いレポートとして読むことができる。しかも西洋からの技術導入が、主として軍事的契機によってなされたことは、その後の歩みに大きい歪《ゆが》みをもたらすことになった。

近代化路線を遮二無二《しゃにむに》突っ走りながら、脱亜路線は急速に侵亜路線に転化していったのである。新政府は近世の胎内で成長しつつあった民衆文化の根を摘みとって、そこへ西洋産の若木を大急ぎで移植した。しかし、近代化の起点を明治維新に限定して論じることは間違っている。江戸期社会の内部で培《つちか》われてきた一定の文化的・思想的基盤があったればこそ、曲がりなりにも日本独自の近代化をおし進めることができたのである。肥沃な土壌がなければ、新芽は育たないのだ。

十九世紀はじめの化政段階を頂点に、広汎に興隆してきた下からの民衆文化をどう評価するかという問題は、日本社会の近代化を考えるうえで、きわめて重い意味をもっている。

都市・農村を通じ天保期で一万五千と推定される寺子屋の普及。ベストセラーは一万冊をこえたジャーナリズムの成立と貸本屋の大繁昌。西洋には見られぬ庶民の旅行熱と正確で速い情報通信網。当時の西洋と比較しても、民衆の知識欲と識字率が高いことは、ルイス・フロイスからシーボルトに至るまで多くの外国人が指摘している。
地方の地理条件を生かした自然エネルギーの開発と伝統技術を蓄積した集約農業。〝貴穀賤金〟の儒学思想をおしのけて発展してきた鉱業・林業・織物業・製鉄業などの在来マニュファクチュア。世界的にも高水準の商業流通信用制度と交通運輸業の形成……。

さらに特筆すべきは、歌舞伎・人形浄瑠璃など当時の文化を代表する芸能が、西欧の宮廷文化やブルジョア文化とは全く逆に、中世以来の賤民文化の系譜をひくものであったことだ。浮世絵にしても、その多くは出自不明の下層の絵師の手になる作品であり、それが西洋美術にも大きい影響を与えたことはよく知られている。その主たる題材は、〈制外者〉として賤視されていた役者と遊女であった。

幕府の度重なる弾圧にもかかわらず、〈河原乞食〉と呼ばれた彼らの懸命の努力によって、世界の演劇史に残る新しい様式美が創造されたのである。歌舞伎にしても、その当時としてはきわめて前衛的な演劇であった。人形浄瑠璃は、芸術技能としても世界の人形劇の最高水準にあった。紺屋の職人出の四世鶴屋南北にみられるように、パロディーの中にも当時の支配体制を批判する鋭い目が光り、閉鎖的な身分社会にはまりきらぬ新しい人間類型が造形された。

江戸期社会は、図式化していえば、貴族文化・武家文化・町人文化・賤民文化——この四層構造から成り立っていた。そして十八世紀からは、町人文化と賤民文化という新興勢力のヘゲモニーのもとに、西洋に見られぬ独特の大衆化社会が形成されていく。とくに化政期以後は、下からの民衆文化革命とも呼ぶべき裾《すそ》野の広い大衆文化状況が成立する。もちろん、平賀源内、渡辺崋山、高野長英らに代表される武家出身のすぐれた〝文人〟の活躍も見逃せぬが、彼らはいずれも幕藩権力機構からハミでたアウト・ロー的な存在であった。

だが、明治政府は、これらのアジア的・日本的土壌から成長してきた民衆文化の根を断ち切る方向で、外国からの技術導入と国家による上からの文化管理を、近代化路線の基軸に据えたのである。

今日、維新以来の近代化の社会史的な軌跡を総点検し、あらためて私たちの立っている土壌を鋤《す》き返してみようという気運が高まっている。それとともに、アジア文明系の見直しの声も、まだ低音であるが聞こえるようになってきた。

近代西洋文明によって、数百年にわたって統御されてきた世界秩序は、いま終焉《しゅうえん》の日を迎えようとしている。二十世紀末はまさしく混沌《カオス》の時代となるだろう。そのような歴史の大転換期に際して、日本の歴史の深層から民衆文化の足跡をあらためて見直す仕事は、いろんな意味で新時代を模索する知的作業につらなるであろう。（『毎日新聞』84・3・15）

大帝の死――作家の日記より

はじめに

近代日本を生きた文学者の日記として、最も有名なのは永井荷風（一八七九〜一九五九）の『断腸亭日乗』であろう。一九一七年（大正六）九月から死の前日まで、四十二年間にわたって書き続けられた日記である。同時代の風俗資料としても興味深いが、一貫して時勢と非妥協であり、時の権力者を批判する反俗・反国家の精神が貫かれていて、身辺雑記を超えた日録としてひときわ異彩を放っている。

その生涯を通じて、荷風は、国家の統合原理としての天皇制ナショナリズムに背を向け、〈富国強兵〉がもたらした日本の近代文明をエセ文明として痛罵《つうば》し続けた。人生の後半は、隠遁《いんとん》者を自認して、世のオモテ舞台から遠去かった。第二次大戦中は、原稿はすべて筐底《きょうてい》に秘めて発表せず、時勢との交渉を断った。

空襲によって荷風が住んでいた麻布偏奇館はついに炎上した。東京を捨てて岡山へ放浪の旅に出るが、新見から岡山への車中にあった八月十五日の敗戦の日は次のように記されている。

「八月十五日。……今日正午ラジオの放送、日米戦争突然停止せし由《よし》を公表したりと言ふ、恰《あたか》も好《よ》し、日暮染物屋の婆、鶏肉葡萄酒を持来る、休戦の祝宴を張り皆々酔うて寝に就きぬ。」

この敗戦の日の酒を、「休戦の祝宴」と書くことができた文学者は、ごくわずかであろう。彼には、そう書かねばならぬいきさつがあり、またそう書く根拠があった。全二十八巻の全集の三分の一を占めるこの厖大な日記を読んでいけば、荷風のこの日の心底を、だれもが了解することができる。

書き貯めていた作品は、戦後に一挙に発表された。焼跡文化の第一号としてセンカ紙の雑誌『新生』が出たが、そこには永井荷風作と大きく印刷されていた。あらためて荷風の抵抗精神が評価されジャーナリズムに迎えられたが、その反俗・偏奇の姿勢は一向に変らなかった。陋巷《ろうこう》に隠れ住み、浅草の踊り子たちにだけ心をひらいた。最晩年は寂静《じやくせい》の中で、さすがの孤高の気持ちも萎《な》えたのであろうか、その記録もほとんど天候だけで、その他には浅草とあるだけである。だれも看取《みと》る者もない孤独な最後であった。死の前日の日記は、ただ次の一行だけである。

「四月廿九日。祭日。陰。」

美は乱調にあり——大杉　栄

明治文壇の双璧と言えば、衆目の一致するところは、夏目漱石と森鷗外だろう。ところが、この両者ともあまり日記を書いていない。いや、書いた日記帳そのものが散逸してしまったのかもしれぬ。そこらへんの事情は詳《つまび》らかではないが、残された日記の分量は少ない。

漱石（一八六七〜一九一六）の場合は、小説の素材にするために書かれた見聞録がバラバラと残されているだけだ。したがって、漱石の日記は、日記と名づけるほどのまとまりはない。身辺雑記が中心の覚書《メモ》みたいなものだ。だが、その時々のナマの実感で記録したものが多く、意外に下世話《げせわ》な話も散見されて、作家の観察眼のはたらきを知るためには格好のものだ。

ところが、どういうわけか、明治から大正への時代の大きい様変《さまがわ》りのあたりは、ごく部分的であるがかなり丹念に書き残している。このころの記録だけは日記と呼ぶにふさわしい。さて、明治末から大正初頭の時代の大きい転換期にあって、漱石は、『それから』（一九〇九）、『門』（一九一〇）、『彼岸過迄』（一九一二）、『行人』（一九一三）、『こころ』（一九一四）というように矢継早に長篇小説を発表している。漱石は、ちょうどそのころ四十代なかばで、作家として一番脂《あぶら》が乗っていた時であった。

その時代は、どのような転換期だったのか。簡単にスケッチしてみよう。一九〇九年（明治四十二）には、伊藤博文がハルピン駅頭で安重根に射殺された。翌一〇年には幸徳秋水・大石誠之助・森近運平らが大逆罪の容疑で検挙され、その夏には韓国併合が強行された。一九一一年には、いわゆる《大逆事件》の判決があった。検挙者は全国で数百名にのぼり、そのうち幸徳ら二十四名に対して、天皇暗殺を計画し国体の転覆を意図したとの理由で死刑が宣告された。（一月十八日に判決が下され、うち十二名は翌日無期に減刑。二十四日には直ちに死刑が執行された。ただひとりの女性であった管野スガのみ二十五日朝に執行された。）

一九一二年（明治四十五）には中華民国が成立し、孫文が臨時大統領に就任した。美濃部達吉と上杉慎吉との間に天皇機関説論争が始まったのもこの年の春である。同年七月三十日、明治天皇が死んだ。年号が大正に変わった八月一日に、日本労働運動の一大転機となる〈友愛会〉が結成された。世をあげて先帝の喪に服し、街全体が死の如き沈黙のなかにあるそのさなかに、労働運動の新生を告げる十五名の密《ひそ》やかな集会がもたれたのだ。翌一九一三年（大正二）には、大正デモクラシー運動のさきがけとして各地で憲政擁護の運動が勃発し、デモ隊が警察署・政府系新聞社を襲撃した。

思想運動としては、明治の第二世代ともいうべき青年たちによって、注目すべき二つの雑誌が創刊され、当時の時代閉塞状況に苦悩していた若者たちに大きい刺激を与えた。その一つは、武者小路実篤・志賀直哉・有島武郎らの作った文学・美術雑誌『白樺』（一九一〇〜二三）で、フランス仕込みの人類愛にもとづく理想主義と、強烈な近代的自我意識の主張を、暗夜の炬火《きょか》の如く高々と掲げた。

もう一つの雑誌は、大杉栄・荒畑寒村を中心に創刊された『近代思想』（一九一二〜一六）であった。主要メンバーが大逆事件で虐殺された社会主義派は、いわゆる〝冬の時代〟に入って窒息状態にあった。堺利彦らのわずかに残存したマルクス主義派は、弾圧を回避して壊滅を免れるために待機主義の立場をとっていた。

幸徳秋水の遺志を継いでアナルコ・サンジカリズムの旗を掲げる大杉・荒畑らは、そのような後退戦術に賛成しなかった。彼らは、敢然と『近代思想』を創刊して、時代思想の最前線へ打って出た。

「運動史上の暗黒時代に、微かながらも公然とあげた声」（『寒村自伝』）であった。彼らは、古い秩序の解体と一切の権威に束縛されぬ人間の解放を唱え、旧弊打破の反逆精神を謳歌した。その激烈な主張は、時代の最尖端を行くイデオロギーとして、悩める青年たちの心をゆさぶった。当時人口に膾炙《かいしゃ》した大杉の有名な文章は、実にこのころに書かれたものであった。

「……そして拡充の中に生の至上の美を見る僕は、この反逆とこの破壊との中にのみ、今日、生の至上の美を見る。征服の事実がその頂上に達した今日に於ては、諧調《かいちょう》はもはや美ではない。美はただ乱調に在る。諧調は偽りである。真はただ乱調に在る。……」(『生の拡充』一九一三年七月)

〈美は乱調にあり〉——この大杉栄独特の、息をのむような美文調に、そのころの気鋭の若い男女は、文字通りシビレタのであった。ついでに言っておくと、近代日本の名言集に収録されるべきこの名句は、第二次大戦下に暗い青春を過ごしていた私たち旧制高校生の間でも語り伝えられていた。もちろん、近代日本思想史上における大杉栄の位置などは知る由もなかった。ただ、〈美は乱調にあり〉というそのコトバの意味するものだけは、なんとなく感覚的に共有できたのである。

新しいものは常に謀叛である——徳冨蘆花

さて、このような波瀾万丈の転換期にありながら、当時の漱石は、日記ではそのころの社会問題についてはほとんどふれていない。《大逆事件》の死刑執行のあたりの日記があれば、なんらかの感想を書き残したであろうが、残念ながら残っていない。

大逆事件は稀にみる冤罪事件であり、権力によるデッチ上げの内容は、今日では多くの資料と証言によって明らかにされている。これを機に、政府は社会主義についての書物を「安寧《あんねい》秩序を紊《びん》乱する」という名目ですべて発禁にした。文部省は、社会主義を口にする教師・学生を直ちに解職・放校すべしとの内訓を発した。ジャーナリズムは、記事解禁になるや、「大不忠、大反逆徒」(『東京朝日』)、「天地もいれざる大罪人」(『万朝報』)と書きたてた。新聞報道ではじめて知った民衆はただただ驚愕するだけであった。日清戦争、日露戦争、日韓併合とひき続く、海外制覇・国威宣揚のご時世に、ほとんどの民衆はどっぷり漬っていたので、事の真相を知らされぬままに、政府の煽動宣伝にいともたやすく乗せられたのである。

米・英・仏などでは国際的な抗議行動がかなり大規模になされたにもかかわらず、日本では真正面から政府批判の声をあげたものはいなかった。その十五年前に、世界を震撼させた《ドレフュス事件》がフランスで起こっていた。その問題をよく知っていた一部の知識人は、幸徳秋水らの逮捕にひそかに疑惑を感じた。国家反逆罪で終身禁錮刑に処せられたユダヤ人のドレフュスの救出運動に立ち上がったのは、エミール・ゾラを先頭とした文学者と知識人であった。ついにフランスの国論を二分する大問題となり、最終的にはその冤罪が明らかになった。

だが、この《大逆事件》のさいには、日本の民衆運動からはなんの声も上がらなかった。報道禁止であったから事件そのものを知らなかったのであるが、たとえ情報が流れたとしても、それに呼応する大衆的な抗議運動はおそらく起こらなかったであろう。ただひそかに情報を入手しえた一部の知識人たちの間では、事件の推移そのものに疑惑を感じて、なんらかの行動を起こさねばならぬとする気運が微かにあった。だがそれも、とうとうオモテには現われなかった。

たとえば、どの弁護士も尻込みするなかで、あえて国賊の弁護を買って出た平出《ひらいで》修《しゅう》（一八七八〜一九一四）の名を忘れることはできぬ。彼は『明星』同人の歌人であった。与謝野鉄幹の依頼でこの弁護を引き受けたと言われているが、事件終結後も、幸徳をモデルにした『逆徒』（一九一三）を発表して時代の流れに抗した。平出の親友であった石川啄木（一八八六〜一九一二）も、ひそかに陳弁書などの公判資料を入手して『日本無政府主義者陰謀事件経過及び附帯現象』、その補足ともいえる『A Letter from Prison』を作成した。死が間近い病苦と貧困の中で、政府の圧政と世の不正義に抗議して、丹念に書き残されたこれらの記録は、近代日本文学史上において忘れられてはならぬものである。

さきほど政府に抗議しようとする微かな気運があったと述べたが、社会のオモテに出て大逆事件の真意について訴えた文学者が、ただひとりだけいた。徳冨蘆花（一八六八〜一九二七）であった。民友社以来、蘆花は、トルストイの影響を受けてキリスト教人道主義を唱えていた。

すでにみたように、一九一一年一月十八日、二十四名に死刑が宣告された。翌日、うち十二名が天皇の慈悲深い命によって恩赦に浴した。それを二十一日の新聞で知った蘆花は、残り十二名も救わねばならぬと天皇へ嘆願書を出す決意をした。死刑にならぬうちに、兄の徳富蘇峰を介して桂首相に手渡してもらおうと考えたのだ。だが、日清戦争のころから、平民主義を捨てて国家主義に転じていた蘇峰は動かなかった。やむなく、蘆花は、今度は新聞紙上に嘆願書を公開して、天皇の目にとまることを考えついた。『東京朝日』の池辺三山が熊本県人なので、同郷のよしみでなんとかならないかと嘆願書を送ることにした。

その熱意にほだされた池辺三山は、なんとか掲載しようと思案しているうちに、一月二十四日早朝に死刑は執行されてしまった。国内では反対運動は起こっていなかったが、海外では日本大使館へのデモなど抗議行動がしだいに盛んになってきたので、判決後、わずか六日目に死刑を執行してしまったのだ。それを知った蘆花は、「啓、正午に手紙を仕出し、午後三時東京朝日を披《ひら》きて、幸徳等十二名は昨已《すで》に刑場の露と消えたるを承知仕候。今更《いまさら》何をか言わん。貴紙によりて彼等の臨終の立派なりしを知り其《その》遺言に接するをえたるを深謝せんのみ。天下これよりますます多事なるべく候。不宣」という手紙を三山に出している。

その一週間後、蘆花は第一高等学校弁論部に呼ばれて、超満員の生徒を前に『謀叛《むほん》論』と題して講演した。蘆花は、「僕は幸徳君等と多少立場を異にするものである」と前置きして、次のように熱弁をふるった。

「彼らは乱臣賊子の名をうけても、ただの賊ではない。志士である。ただの賊でも死刑はいけぬ。まして彼らは有為の志士である。自由平等の新天地を夢み、身を献《ささ》げて人類の為に尽《つく》さんとする志士である。其《その》行為は仮令《たとえ》狂に近いとも、其志は憐《あわれ》むべきではないか。

……諸君、幸徳君等は政府に謀叛人と見做《みな》されて殺された。諸君、謀叛を恐れてはならぬ。自ら謀叛人となるを恐れてはならぬ。新しいものは常に謀叛である。……諸君、幸徳君等は乱臣賊子となって絞首台の露と消えた。其行動に不満があるとしても、誰か志士として其動機を疑い得る。諸君、西郷も逆賊であった。然し今日となって見れば、逆賊でないこと西郷の如き者がある乎《か》。幸徳君等も誤って乱臣賊子となった。然し百年の公論は、必《かならず》其事《そのこと》を惜んで其志を悲しむであろう……。」

この演説は、幸徳ら十二名の死刑囚に対する堂々たる追悼演説であった。窓にすがりつき弁士の後方にまで座り込んでいた生徒たちは、しーんと静聴《せいちょう》していた。目に涙を浮かべている者もあった。演説が終って数秒、やっと我にかえった生徒たちは、鳴り止まぬ万雷の拍手を送った。その時の一生徒であり、のちに人民戦線事件で東大を追われた矢内原忠雄は、「吾人《ごじん》、未だ嘗《かつ》て斯《かく》の如き大雄弁を聞かず」と書き留めている。

この講演は、すぐに政府筋の知るところとなった。新渡戸稲造校長は、政府の弾圧に動揺して、文部省に進退伺いを出した。それを知って、生徒の間でも動揺が起こった。事態が深刻化することを恐れた全寮委員会は、学校側の説得に応じて、ついに陳謝の意を表することを決定した。だが、謝罪の強制に最後まで反対したのが、弁論部として蘆花に講演を依頼した河上丈太郎と河合栄治郎の二人であった。河上は、のちに無産運動に投じて労働運動の第一線に立ち、戦後も日本社会党の委員長などを歴任した。河合は、自由主義的立場に立つ経済学者として活躍したが、学内の右翼教授と対立し軍部の戦争拡大を批判したのでついに東大を追われ、戦争中失意のうちに没した。彼らの終生の座右の銘となったのは、その青春の時代に聞いたあの蘆花の、〈新しいものは常に謀叛である〉というコトバではなかったか。

大逆事件の死刑囚は、国賊なるがゆえに墓碑《ぼひ》も建てられなかった。なかでも爆裂弾製造の主謀者とみなされていた管野スガと宮下太吉は、永眠の場所すらも得られなかった。事件から八十年ほど経った一九七〇年代になって、ようやく両名の碑が建てられた。管野の碑は東京渋谷の正春寺に、宮下の碑は甲府市光沢寺の墓地にある。宮下の碑には〈我はいつにても起つことを得る準備あり〉という石川啄木のコトバが墓碑銘として刻まれている。そして、そのウラ側には、次のような銘文が書かれている。

「革命的労働者宮下太吉ここにねむる。宮下は一八七五年九月三〇日甲府市魚町八三番地に生まれ、長じて機械工となり、黎明期日本の労働運動に挺身し、絶対の権力にはばまれ、天皇制批判からいわゆる大逆事件の陥穽《かんせい》に落ちて、一九一一年一月二四日処刑さる。郷土を同じくするわれら、彼の先駆的役割をしのび、大逆事件の真実をつたえんがため碑を建つ。」

明治大帝の死と夏目漱石

このような波瀾万丈の転換期に生きた漱石は、たとえば大逆事件に対してどのような感慨を抱いていたのだろうか。残念ながら、その作品や日記からは、その直接的な反応をうかがい知ることはできない。

しかし、幸徳らの死を、超然として見過したわけではあるまい。同時代の文学者の作品には、なんらかの意味でこの《大逆事件》の黒いカゲが投影されている。第一回公判を傍聴した森鷗外をはじめとして、与謝野鉄幹、正宗白鳥、木下杢太郎、佐藤春夫、永井荷風、武者小路実篤、田山花袋、里見弴などの諸作品をあげることができる。

そのころの漱石は、日清・日露両戦役の勝利という天皇制ナショナリズムの急進展の中で生きる高等遊民の生活と思想を描いていた。彼らの近代的自我の内面を抉《えぐ》り、そこに人間存在の実存的な孤独性を探るという、観念的で深刻な作風を示していた。だからといって漱石は、激しく動く社会の諸問題に目を閉ざしていたわけではない。

たとえばその日記では、明治天皇が亡くなる前後はかなり克明に書いている。大正天皇践祚《せんそ》の式、西園寺首相の朝見式での奉答、拝訣式、納棺式の模様、葬儀に用いる轜車や御輦のことまで細かく記録している。明治天皇が死んだのは一九一二（明治四十五）年の七月三十日だったが、その十日前に、次のような注目すべき感想を書き残している。

「七月二十日〔土〕晩天子重患の号外を手にす。尿毒の由にて昏睡状態の旨報ぜられる。川開きの催し差留られたり。天子未だ崩ぜず川開き禁ずるの必要なし。細民《さいみん》是が為に困るもの多からん。当局者の没常識驚ろくべし。演劇其他の興行も の停止とか停止せぬとかにて騒ぐ有様也。天子の病は万臣の同情に価す。然れども万民の営業直接天子の病気に害を与えざる限りは進行して然るべし。当局之に対して干渉がましき事をなすべきにあらず。もし夫《それ》臣民衷心《ちゅうしん》より遠慮の意あらば営業を勝手に停止するも随意《ずいい》たるは論を待たず。然らずして当局の権を恐れ、野次馬の高声を恐れて、当然の営業を休むとせば表向は如何《いか》にも皇室に対して礼篤《あつ》く情深きに似たれども其実は皇室を恨んで不平を内に蓄ふるに異ならず。恐るべき結果を生み出す原因を冥々《めいめい》の裡《うち》に醸《かも》すこと一般也。」（岩波版『夏目漱石全集』第十三巻「日記・明治四十五年」）

ここで川開きと言っているのは、両国の川開き、すなわち、江戸時代からの伝統的な隅田川の花火大会をさしている。天皇が重体だからといって、川筋に住む住民たちの最大の年中行事を中止させるのは没常識である。とくにその日の稼ぎをあてにしている細民たちは、たちまち生活に窮するのではないかと、当局の措置に抗議しているのだ。細民は、もともとは身分の低い貧しい民というほどの意味である。だが、当時では、細民部落と言えば今日の被差別部落をさしていた。江戸時代から、浅草をはじめ隅田川のほとりには多くの被差別民が住んでいた。浅草には、穢多頭弾左衛門の屋敷があり、歌舞伎を中心とした芝居小屋も天保の改革でここ猿若町に強制移転させられていた。漱石は、細民とは何であるかを知っていて、あえてこの一節を書き残したのではないか。なぜならば、漱石は牛込で生まれたが、生後一年で養子にやられ、幼年期を浅草界隈で過ごしている。漱石にとっては、墨東の一帯は、決して無縁の場所ではなかったのだ。

このくだりを読むと、だれもが、昭和天皇の死にさいして、国家によって強制された自粛ムードを想い浮かべるだろう。漱石は今から八十年も前に、このような当局の規制に対して痛烈に批判していたのである。

戦前版の漱石全集では、ここのくだりは検閲でやられることは明白であったから、あらかじめカットされていた。戦後にやっと復元されたのである。漱石は、このくだりを書いた翌日から、子供を連れて鎌倉に海水浴に行っている。天皇が死んだ翌々日も、鎌倉に泳ぎに行っている。以後の日記には、天皇に関する記事は一切出てこない。このような記述ぶりからみても、漱石の意中にあったものが何であるのか、なんとなくわかるような気がする。

勝利者の悲哀、勇者の寂寞——田山花袋

天皇危篤の報が伝わると、二重橋前には、昼も夜も平癒祈願の群衆が押しかけた。その数は、数万を超えたという。外に向っては、日清・日露の両戦役、それに韓国併合と海外制覇をなし遂げ、内にあっては神武創業以来の武勲輝かしき天皇として、「万邦無比」の大日本帝国をつくり上げた。そして、ついに明治大帝と呼ばれるようになった。その大帝が死のうとしているのだ。土下座してお経を唱えている者もあった。泣いている者も多かった。

ここに集った群衆の大多数は、明治維新のころには、たぶん天皇の存在すら知らなかったのだ。

それから四十五年たった今、死に瀕した大帝の前にひざまずいてその平癒を祈願している。自分の親の最後でもそこまではしないだろう。上からの思想教育の力は恐ろしい。国家権力によって民衆に叩き込まれた天皇制ナショナリズムの思想は、半世紀足らずの間に、民衆の心をほぼ完全に捉えていたのである。

いや、民衆だけではない。当時の文学運動の主流であった自然主義の代表的作家である田山花袋（一八七一〜一九三〇）は次のように書いている。

「西南の役、そこでは私の父親が戦死した。つづいて日清の役、日露の役には、私は写真班の一員として従軍して、御稜威《ごりょうい》の凜《りん》とした光景を眼のあたりに見て来た。私は、私の血にも熱い日本国民の血の流れているのを覚えずにはいられなかった。私は思想としてはFreethinker（註―自由思想家）であるけれども、魂から言えば、矢張《やはり》愛国者の一人である。私は明治天皇の御稜威を崇拝せずにはいられなかった。それであるのに……。私は黙然として立尽した。親しみの多い、なつかしい味の多い、恐れ多いが、頼りにも力にも申し上げた私達の明治天皇は崩御された！」（創元選書『東京の三十年』）

近代に入ってからの文学者で、このように率直に天皇崇拝の気持ちを表明した例は珍らしい。天皇の「御稜威」というようなコトバは、およそ文学精神とは縁のないものである。天皇を〝神聖な大王〟として偶像視する気持ちは、ナショナリズムに搦《から》め捕られていた当時の国民の平準的な意識であった。しかし、醒《さ》めた眼で世俗の底に流れるものを捉え、人間生活の真実をリアルに描写することを宣言した自然主義文学者が、このような信仰告白に近いコトバを書き連ねること自体が異常である。

明治期の文学者の中で、最も体制側に近い存在であったのは、たぶん森鷗外（一八六二～一九二二）であろう。軍医として将官になり、当時の政府を動かす最大の大立者であった山県有朋のところへも出入りしていた。《大逆事件》にさいして、彼は山県の依頼を受けて、ドイツから原書を取りよせて社会主義や無政府主義の研究をしている。彼が第一回公判を傍聴に行ったのも、そういう経緯があったからだ。

しかし、この時を転機として、鷗外の思想になにか転生とも呼ぶべきものが起こったのではないかと私は考えている。天皇の死の当日の日記では「午前零時四十分天皇崩ぜさせ給ふ。朝聖上皇后皇太后の御機嫌を伺ふ。夜雨点々下る。蒸暑。大正元年と称することになる」と淡々と書いているだけで、感慨めいたことは一切書いていない。

大逆事件を素材にした小説『沈黙』（一九一〇）でも、社会主義者に対する政府の弾圧政策に深い危惧の念を暗示している。鷗外が死にさいして、自分の墓には、国家の栄典である位階勲《くんとう》等は一切書くべからず、ただ「津和野の住人・森林太郎」とのみ記すべしと遺言した話は有名である。死後に明らかにされた彼の蔵書目録には、およそ五百冊の社会主義関連文献を見出すことができる。

天皇の死の直後の乃木大将の殉死についても、花袋は次のように書いている。「乃木大将の心理は、外国人などのとても窺い知ることの出来ないものであることを私は思った。私は一方日本国民のセンチメンタルであるのを嘆くと共に、一方そのセンチメンタルであるがために、邦《くに》に生気あり、国民に生命のあることを痛感した。」このような短絡的な日本民衆論、国家意識論は、その当時としてもきわめて水準の低いものである。

戯作者と賤しめられながらも、幕藩体制下の封建的類型をはみ出した新しい人間像を描き、そこに体制批判の鋭い目を潜めた民衆作家である四世鶴屋南北（一七五五〜一八二九）の人間認識より数段も劣っている。ただ、花袋にしても、『明治天皇の崩御』と題するこの一文の末尾は、次のようにしめくくっている。

「明治天皇の崩御も、乃木大将の死も、功業を樹《た》つるということの悲劇であることを私はつくづく思った。功業は人を滅さずには置かない。又、功業はある犠牲を要せずには置かない。勝利者の悲哀、勇者の寂寞《じゃくまく》、そういうことがひしひしと思い浮かんで来た。」

大帝の偉業、それはやはり多くの民衆の犠牲の上に打ちたてられた功業にすぎぬ——父の戦死後、母の手一つで貧窮のうちに育った花袋は、どうしてもこのことだけは指摘しておきたかったのであろう。

自分は或る意味で無政府主義者である——志賀直哉

そのころの若い作家で、かなり克明な日記を残したのは志賀直哉（一八八三—一九七一）である。彼は鷗外や漱石より二十歳ほど若く、花袋よりも十一歳も若かった。

石川啄木はこの直哉よりさらに三歳若かった。漱石や鷗外は、明治維新のころに生まれたいわば明治の第一世代である。自由民権派が敗北し国権派の主導のもとで天皇制ナショナリズムが確立されていく激動の明治前期が、そのまま自分たちの青春と重なっている。

明治後期から作家活動を始めた荷風や啄木は、いわば第二世代である。武者小路実篤・志賀直哉・有島武郎などの『白樺』派同人も、この第二世代の後続部分であった。そして、彼らが学び育った学習院は、庶民からかけ離れた貴族的、ブルジョア的な環境であった。白樺派は第二世代の中でも、ブルジョア的気質をもった異色の存在であった。

直哉の日記を読んでも、時代認識の眼というか、世代感覚そのものが第一世代のそれとは異質である。彼は相馬藩の家令を勤めた家に生まれ、父は慶応出身の実業家であった。平民は入ることを認められぬ天皇と貴族の学校であった学習院を出て東大に入った。だが落第つづきで、大学にはまともに通わず中退した。彼の生活は、まさに高等遊民のそれであった。働いていないのに、いつも高級レストランに入り、芸者遊びと観劇と旅行に時間を過ごしている。そこにみられる生活のゆとり、たっぷりの余暇、それに支えられた思索の自由は、当時の民衆の生活基盤とは全くかけ離れている。彼らは、庶民が手にすることもできぬ外国の書物や雑誌を手軽に取り寄せて読んでいたのである。

さて、志賀直哉の日記は、思いついたら、その時の気持ちをそのまま書いたような気ままなものだが、その日記から、まず《大逆事件》に関するところを拾い読みしてみよう。死刑判決の出た翌々日の日記にはこう書かれている。

「一月二十日……一昨日無政府主義者廿四人は死刑の宣告を受けた。日本に起った出来事として歴史的に非常に珍しい出来事である。自分は或る意味で無政府主義者である。(今の社会主義をいいとは思わぬが)その自分が今度のような事件に対して、その記事をすっかり読む気力さえない、その好奇心もない。〈其時〉というものは歴史では想像できない……。」(岩波版『志賀直哉全集』第十巻「日記　明治四十四年」)

すこし解説しておくと、そのころの直哉は、自分を育ててくれた最愛の祖母が重病で、よく通った遊廓の峯という女が「クルワ」《(ママ)》を出ていくことになり、書きかけの『濁《にご》った頭』と題する小説がうまくまとまらず、要するに一種の神経症にかかっていたのである。「その記事をすっかり読む気力さえない」というのはそのことをさしている。その日常も、文学仲間との雑談、歌舞伎・人形浄瑠璃の観劇、吉原への遊廓通いに明け暮れていた。直哉の家庭環境をめぐる複雑な事情については『暗夜行路』などでも描かれているが、その人間関係に悩み、芸術の問題、性欲の問題に苦悩する夢多き高等遊民であった。幸徳らの処刑が発表された翌日の日記。

「一月二十六日　健康が欲しい。健康なからだは強い性欲を持つ事が出来るから。ミダラでない強い性欲を持ちたい。ゴルキーの話にある老国王も強い性欲によって、女に愛されていたと書いてあったが、自分は年寄るまで左《そ》うでなくていいが、四十五歳までは左うでありたい。……」（傍点は原作者）

その翌年、明治天皇が死んだ翌日の日記には、「前日天子様が亡くなられたといふ事を其朝訊く。いい人らしかったがお気の毒であった」とだけ書いている。その翌月、乃木大将が殉死した前後の日記。

「九月十四日　雨村訪問、伊吾も来る、玉を突く、乃木さんが自殺したといふのを英子から聞いた時、『馬鹿な奴だ』といふ気が、丁度下女かなにかが無考へに何かした時感ずる心持と同じような感じ方で感じられた。」

「九月十五日　乃木さんの死は一つのテンプテェーション（註―誘惑）に負けたのである。」（九月十六日―欠）

「九月十七日　柳来る、フォゲラーから『白樺』の表紙を送って来た。此人のものとして観て悪いものでなかった。平一来る、武者来る、黒木来る、乃木さんの悪口が出た。」

さきにみたように、直哉は、「或る意味では無政府主義者」と自分の思想について述べている。これは本音《ほんね》である。彼の青春期における思想形成で、大きい影響を与えた人物が二人いた。内村鑑三と田中正造である。

彼は十八歳の夏、はじめて無教会派の戦闘的反戦主義者であった内村を訪ねた。以後七年間、その門に出入りした。彼はキリスト教の教義そのものに惹かれたのではなく、その人物の大きさにすっかり傾倒したのであった。彼が惹かれたのは、時代の流れに抗して、我が道を枉《ま》げなかったキリスト者内村の宗教的信念と実践力であった。

社会問題で大きい影響を与えたのは、一九〇〇年（明治三十三）からの《足尾鉱毒事件》であった。たびたびの民衆蜂起は、当時の青年・学生たちに、かつて経験したことのない衝撃を与えた。田中正造を先頭にした支援集会には、多くの学生が集まった。地声の大きい破れ鐘のような声で、ぼうぼうと髪とひげをのばし、無頓着な着物姿の「下野《しもつけ》の百姓」そのままに農民の苦しみを説く正造は、若者たちの精神を大きく揺さぶった。その人柄は正直で心やさしく、涙もろいが大きい包容力を持っていた。若き日の河上肇が、正造の熱弁に感激して、会場で身ぐるみ脱いでカンパして帰った逸話は有名だ。

内村鑑三も、正造らとともに積極的に動いた。沸騰した世論に刺激されて、大学生のみならず中学生までも鉱毒視察団を編成した。直哉も正造の熱弁に感動した。河上肇とは、たまたま同じ会場にいたのかもしれぬ。学習院グループも視察を決行したが、直哉は父の猛反対によって参加できなかった。『或る男、その姉の死』に描かれているように、この《鉱毒事件》をきっかけとして、彼は思想的に父と長い間対立することになった。

〝人類の意志〟と、〝自我の解放〟を旗印に理想主義的ヒューマニズムを唱えた『白樺』派の運動は、日露戦争以降に急成長を遂げた新興ブルジョアジーの子弟である第二世代によって担われた。彼らは、「食う心配のない、世間知らずの自我主義者」として既成文壇から冷遇されたが、〝古い明治精神〟と断絶した新しい思想文化運動として、若い世代に熱狂的に迎えられた。その近代主義的リベラリズムは、まさしく大正デモクラシー運動の堆肥《たいひ》となった。

彼らの運動は、民衆の生活とは隔絶したところで開始されたが、リーダーの武者小路実篤（一八八五〜一九七六）は、「新しい村」と名づけた実験農村を建設し、自分で僻地へ入って行くことでなんとかそのギャップを埋めようとした。有島武郎（一八七八〜一九二三）は、自分たち特権的知識階級と、台頭しつつある労働者階級との間に横たわる深い溝を知って苦悶した。彼は、未来は第四階級（＝プロレタリアート）によって担われるという予感をはっきり持っていたが、その溝を埋める実際の方策を見出せず、ついに自らの意志でその生命を断った。志賀直哉は、「或る意味における無政府主義者」として、最後まで〝自我の絶対性〟に固執した。そして、全文壇を巻き込んだ第二次大戦にも孤高の沈黙を持続し、軍部には協力しなかった。

大逆事件と永井荷風

父が日本郵船の上海・横浜支店長を歴任した永井荷風は、当時としては恵まれた階層に育った。ベッドに寝て、ナイフ・フォークで食事をするという習俗は、当時としては破格の生活である。しかし、山手の良家の風俗に反撥した荷風は、たえず下町に出没し、ついに広津柳浪の門に入って戯作者たらんと志した。その反抗に手を焼いた父親は、彼をムリヤリに海外に送り出した。その外遊体験をもとにした『あめりか物語』（一九〇八）、『ふらんす物語』（一九〇九）で荷風は文壇に登場した。政府による発禁処分という文学者としてはまことに名誉あるスタートを切った荷風は、新帰朝者として浅薄な明治文明の批判に視座を定めることを決意した。

荷風の生涯は、そのまま激動の明治後百年史と重なり、荷風論そのものが近代日本文明論となるのだが、ここでは本稿との関係で《大逆事件》にのみ限定して論じることにする。

荷風は、日記のみならず随筆にもすぐれたものを残した。大逆事件との関連で言えば、なんと言っても『花火』をあげねばなるまい。この原稿は、大逆事件後八年ほど経って書かれたものである。そこではじめて、その当時、偶然に大逆事件の被告を護送する囚人馬車を目撃した事実を告白したのである。この『花火』は、夏の夜にたまたま打ち上げられた花火の音を聞きながら、一市民として、江戸から東京への祝祭の移り変りとその時々の民衆の生活を回顧する文章である。しかし、荷風は次のような一節を、その中にさりげなくはめ込んでいたのだ。

「明治四十四年慶応義塾に通勤する頃、わたしはその道すがら折々市ヶ谷の通で囚人馬車が五六台も引続いて日比谷の裁判所の方へ走って行くのを見た。わたしはこれ迄見聞した世上の事件の中で、この折程《おりほど》言うに言われない厭な心持のした事はなかった。わたしは文学者たる以上この思想問題について黙していてはならない。小説家ゾラはドレフェース事件について正義を叫んだ為め国外に亡命したではないか。然しわたしは世の文学者と共に何も言わなかった。私は何となく良心の苦痛に堪えられぬような気がした。わたしは自ら文学者たる事について甚しき羞恥《しゅうち》を感じた。以来わたしは自分の芸術の品位を江戸戯作者のなした程度まで引下げるに如《し》くはないと思案した。その頃から私は煙草入をさげ浮世絵を集め三味線をひきはじめた。わたしは江戸時代の戯作者や浮世絵師が浦賀へ黒舟が来ようが桜田御門で大老が暗殺されようがそんな事は下民の与《あずか》り知った事ではない――否とやかく申すのは却《かえっ》て畏《おそれ》多い事だと、すまして春本や春画をかいていた其の瞬間の胸中をば呆れるよりは寧《むし》ろ尊敬しようと思立ったのである。

かくて大正二年三月の或日、わたしは山城河岸の路地にいた或女の家で三味線を稽古していた。……」（岩波版『永井荷風全集』第十五巻）

この有名な文章を、ここであらためて解説する必要はないだろう。（荷風と囚人馬車との出会いを、詳細な地図まで付して具体的に追求したのは神崎清『革命伝説』第四巻である。）これまでこの文章は、もっぱら荷風の懺悔《ざんげ》の告白として読まれてきた。わが師と仰いできたゾラの精神に背いて、この世紀の大冤罪に抗議することができなかった自分の卑劣さに鞭打つ文章とみなされてきたのである。後半部分での、江戸の戯作者や浮世絵師への讃美は、作家としての資格喪失宣言を行なって、もはや世捨人たることを覚悟した荷風の逃散《ちょうさん》と韜晦《とうかい》の辞とみなされてきたのである。はたしてそうか。

私は、このような解釈は、荷風の心の動きの表層しか見ていないと思う。彼の精神の深層には、天皇制ナショナリズムと成金スノビズムによる金ピカのニセ文明に対する、なお烈々たる闘いの意志が潜められていたと私は考える。よく調べてみると、荷風がこの小稿を寄稿したのは雑誌『改造』（一九一九年十二月号）である。その号は「階級闘争特集号」であり、同時に寄稿した作家は、佐藤春夫、神近市子、高野岩三郎らである。敗北宣言をした隠遁文学者が、いまさら階級闘争特集号に登場すること自体が場違いであろう。それにこの『花火』を最後までよく読んでみると、まさにその特集号にふさわしい内容のものであることがわかってくる。

もちろん、それ以後の荷風が、なかば隠遁者の目で、時勢を白眼に見据えていたことはたしかである。『すみだ川』（一九〇九）を原点とする荷風の下町の人情・風俗の描写は、このエセ文明によってなお侵蝕されていない日本の庶民の民俗的風土に対する抒情的挽歌であった。そして、それはまた同時に、痛烈な反時代的文明批判であったことを忘れてはならぬ。

荷風は、あの第二次大戦の前夜に、『濹東綺譚』（一九三七）のような場末の遊廓を主題にして、下町の人情物語を朝日新聞に連載した。玉の井の廓《くるわ》に沈むお雪と老境にさしかかりつつある作家との淡々たる交情の物語である。この作品は、近代文学の全作品の中で、私の最も愛好する小説の一つである。これを最後に、戦争中、荷風は全く作品を発表しなかった。戦争に背を向けて、孤独な沈黙を守った荷風の姿は、日本近代文学史の中でも、ひときわ異彩を放っている。

（『現代の理論』89・6）

あとがき――解題にかえて

本書は、目次からもすぐわかるように、堅苦《かたくる》しい論文集ではない。《天皇と賤民》の問題を中心に、折にふれて書いた随想と講演録から成りたっている。本書に独自性があるとすれば、私自身の〈戦争体験〉と〈戦後史〉を踏まえて、私の考えを率直に述べているところであろう。

どこからでも気安く読んでいただいてかまわないが、筆者としての要望を申し述べるならば、まず読んでもらいたいのは一つの講演録である。その『日本民族の五つの源流について』は、本書の天皇制論の基調になっている。今、大嘗祭を目前にひかえて、天皇・天皇制論がさかんに論じられている。この列島にあいついでやってきた諸民族の源流論、そして先住諸民族を制圧しつつ成立したヤマト王朝の形成史――この二つの論点が、天皇制論議の基礎におかれねばならないと私は考えてきた。

すなわち、天皇制論を本格的に論じるためには、これまで日本の民衆を捕えてきた《日本単一民族》論の虚妄《きよもう》性を実証的に批判するところから始めねばならないと私は考える。それを抜きにして、《万世一系の皇統》論の持つ政治的意味を明らかにすることはできないのである。この列島の先住民とアジア各地の民との、数千年、いや数万年に及ぶ民族的交流、そして文化や民俗の分野での深いかかわりを明らかにすること――そういう回路を通じてこそ、国家という人為的な壁を乗りこえた、新しい国際交流と人間的連帯の道がひらかれていくのではなかろうか。

本書では、一九八九年の執筆が目立っている。これはやはり、〝昭和の終焉〟に際して、さまざまの思想的衝動が心底を駆け抜け、黙っていることができなかったからである。したがって、抽象的な論議よりも、本音《ほんね》でしゃべっている部分の方が多い。〈人との出会い〉では、高橋貞樹について語った。戦前の人である高橋とは、もちろん会うことはなかった。しかし、「わが部落問題との出会い」で述べたように、高橋貞樹との出会いは、私の人生の大きい思想的転機となった。

出版にあたっては弘文堂編集部の重松英樹氏のお世話になった。ちなみに、『天皇の国・賤民の国』というタイトルも氏の提案であった。《天皇の国》の国は、絶対的主権者であった天皇のいる国家や領土をさしている。しかし、《賤民の国》の場合は、その国は、天に対する大地や故郷を意味する。そのように理解して私はこのタイトルに賛成した。古代以来、底辺の民、周縁の民として差別されてきた賤民の視座から、天皇の国家を逆照射したら一体何が見えてくるのか。そのような大きい社会史的なテーマについては改めて一本にまとめる予定なので、Ⅲの「日本文化の地下伏流」においては、芸能史の視座からその一端を述べるにとどめた。

最後に一言。本書をわが旧友大北禎一君に捧げる。高校では彼の机は私のすぐ前だった。すぐれたスポーツマンだった彼は、野球チームのリーダーでもあった。河内の金剛山麓の農家に生まれた彼は、私と住居も近かったので、よく同じ電車で通学した。彼はクラスで最年長だったから、一番早く召集された。一度だけ便りがあった。行軍のあい間に文庫本の『万葉集』を読んでいますと、かなり乱れた字で書いてあった。それが最初で最後の便りだった。戦争は終わったが、再びわれわれの前に姿を現わすことはなかった。私の前の机は、そのままずっと空席だった。

彼とよく待ちあわせた小さな駅の改札口は、今もまだそのままである。そこを通るたびに、いつもにこやかに手を挙げた彼の姿が目に浮かぶ。生きている限り、私にとって、〈戦争〉と〈戦後〉の時代は、いつまでも終わることはない。

一九九〇年盛夏

――金剛山麓で蟬しぐれを聞きながら――

沖浦和光

文庫版あとがき

文庫として復刊されることになって改めて読み直してみたが、私にとってこの書は、さまざまな思い出が詰まった一冊である。わが思想の転機となった多くの「出会い」、それをきっかけに執筆している。その新たな「出会い」は、人であり書物であり、また未知の場所であった。ここに収録している論稿は、一九八〇年代から九〇年代初頭にかけて書いている。わが人生の峠にさしかかった頃で、歴史認識や人生観においても大転換に遭遇した時期だった。

そのきっかけになったのは、本書でも述べているが、七〇年代初頭の西欧留学である。祖父が外国航路の船乗りだったから、わが家にはいつも異国の風が吹いていた。私は早くから西洋かぶれだった。しかし、あこがれのヨーロッパでは、自然の破壊と市民社会の崩壊がはじまっていた。西洋の各地を歩きながら、私はしだいに幻想から醒めていった。次いで七三年のインド体験である。インダス文明以来の歴史の底の深さと、ヒンドゥー教カースト制のもとでの人間の生き方に衝撃を受けた。七四年にはアフリカを訪れてさらに深いショックを受けた。私は世界の文化地図の何分の一しか知らないことに気付いた。

わが家系は瀬戸内の海の民である。日本の海民の原郷を調べるために、八〇年代に入ると南太平洋の辺境の島々をしばしば訪れるようになった。そこでもまた、西洋近代文明とは異質な人びとの生きざまに深く感銘した。自分のこれまでの人間観の底の浅さがよく分かった。私の胎内に巣食っていた《未開から文明へ》という歴史進歩の観念が、しだいに瓦解していった。

その頃から、日本の被差別民の歴史に正面から向きあうようになった。特に高橋貞樹の『特殊部落一千年史』（更生閣、一九二四年）との出会いは、人の世の生き方について、根底から考え直す大きい転機となった。発禁とされていたこの書の復刻版を読み、さらに全国各地の被差別部落を訪れてその歴史と民俗をまのあたりに見ることによって、はじめて日本文化史の地下伏流について、根底から考え直さねばならぬことに気付いたのであった。

本書は、そのような思想遍歴の途上で書いた荒削りな論稿であるが、私にとっては記念碑的な論文が多い。再び日の目をみるように声をかけていただいた西口徹さんに、心からお礼を申し上げる。

二〇〇七年六月二六日

沖浦和光

一九四五年・八月十五日前後——ダイハツ工場での一年有半

新帝即位と大嘗祭

今、「昭和」時代がいよいよ終わりになるという秒読みの段階にさしかかっているんですが、私自身が「昭和」時代と丸ごと重なっているわけです。なぜかというと、生まれたのが一九二七年の元旦です。一九二七年は昭和二年。大正天皇は、ご承知のように十二月二十五日に亡くなりまして、昭和元年というのは一週間もなかった。したがって、丸ごとの昭和というのは一九二七年から始まる。私はその元旦に生まれているので、私の人生は丸ごと「昭和」時代と重なってるわけです。

さて、今日のようなテーマの話はホンネのところで語らないとダメでしょう。大体、私は、歌の文句にもありますように、生まれた年が悪いのか（笑）、生まれつき激しやすく燃えやすいタチなんで（笑）、ホンネ丸出しに喋らないとあまりはずまないいんです。抑えて喋るとかえって調子が乱れますので、ズバズバと言わせていただくことにします。

昭和の終焉と新帝即位に際して、さまざまの儀式があいついで挙行されますが、たぶん一番問題になってくるのが大嘗祭でしょう。新帝が即位した最初の新嘗祭が大嘗祭になります。『文藝春秋』十一月号でしたか、「大嘗祭を国事行為としてぜひ大々的に挙行せよ」「違憲であるという反対の声をおそれて政府は弱腰である」「やるのかやらないのか」と凄味《すごみ》をきかした文章を何人かの学者、官僚、ジャーナリストが名前を伏せて発表しております。

大嘗祭についてはここでは深く立入りませんが、まとめていえば三つのマツリを綜合化した、朝廷が挙行する一世一代の最大の祭儀でした。その三つのマツリと言いますと、第一は五穀豊穣を祈り感謝する収穫祭。おそらく弥生時代の稲作が始まった頃から農民が行なっていたであろう秋の収穫祭を、国土を征服したヤマト王権が宮廷にとりこんで国家儀礼化したものです。

第二は、新帝即位に際して、神武天皇以来の皇威を、改めて全国土に明らかにするための臣民の服属儀礼です。隼人《はやと》や国栖《くず》などの先住民族の芸能が、服属のあかしとして大々的に上演されました。

第三は、天皇霊の新帝への転移というアニミズム（animism）的呪術儀礼です。アニミズムとは、すべての事物には霊魂があって、万物が働くのはその霊魂の生命力にあるというきわめて原始的な精霊信仰です。天皇が天皇でありうるのは、天皇霊がその肉体に宿っているからであるとみるわけです。

　こういう視点から大嘗祭を論じたのは民俗学者の折口信夫でしたが、一口でいえば〈天皇霊〉が亡くなった天皇から次の天皇にのりうつる儀式なんですね。真床追衾《まとこおうふすま》という布団みたいなものを被りまして、天照大神以来の神霊と同じ布団に同衾《どうきん》することによって天皇霊がのりうつるという儀式なんです。『古事記』でも、ニニギノミコトが真床追衾を身に被って天上から降りたと書かれていますが、その神話を呪術的に受け継いでいる儀式なんです。途中で中断していますが、天武天皇の時代から始まって、明治天皇即位の際に大々的に復活されます。

　即位儀礼と大嘗祭とが新帝誕生の二大儀式とされている。しかし、戦後の新憲法で政教分離の原則が定められ、皇室典範も改正されて大嘗祭の規定は削除され、これは天皇家の私事であって国民全体が参加する国事行為ではなくなっている。したがって、政府が、即位儀礼と大嘗祭とを国事行為としてやるのかやらないのかというところに重大な問題性をはらんでいるわけです。

　ところで、私はもともと芸能が好きなんですが、私が生まれて最初に踊ったのは、昭和天皇の御大典らしいのです。もちろん自分の記憶にはありませんが、踊らされたらしいのです。それが「ご大典だ、エッサッサ」（笑）。正確には、「ゴタンテンヤ、ホイ、バンザイ、ホイ、エライヤッチャ、ホイ」と叫びながら踊り歩いたらしい（笑）。

「ご大典だ、エッサッサ」のご大典というのは、一九二八年十一月に挙行された昭和天皇即位の大嘗祭なんですね。大嘗祭が京都で行なわれたのですが、その一連の行事をご大典とよびました。

それで多くの国民が国家の大祝祭日として、町内会などが総出で踊らされたらしく、当時二歳の私もまた踊ったらしいのであります。いま考えてみますと、なんともはやみっともないことだったと慙愧《ざんき》の念にたえません（笑）。そういうご大典というのが麗々しく古式に則ってやられたわけで、今回ははたしてどうなるかということが今後の天皇制のあり方とかかわって大きな問題になっているんです。

それぞれの天皇体験

さて、いま「昭和」時代の、天皇の戦争責任に関するスライドを見せていただきました。どういう規準で選ばれたのかは存じませんが、私に言わせれば、ここに出てくる場面はいずれもナマッチョロイものでありまして、私なんかの記憶では、戦争体験はこんなナマッチョロイものではなかった。日本だけではなく、朝鮮・中国をはじめ多くのアジアの無辜《むこ》の民が、無残にも家を焼かれ殺されていきました。一千万近い人間が、その生命、その人生を無惨にも奪われたのであって、もっとドス黒い、血の臭いがただよっていた。また、先ほどの集会の基調報告も非常にナマッチョロイ（笑）。奥歯に物がはさまったようなフワフワしたあんなものじゃ天皇制を論じたことにはならない。もっと深く突っ込まないとダメなんであります。これはやはり、それぞれの人生における戦争体験というか、天皇との出会い体験というか、年齢の差もあると思うんですね。

先週、私の大学で八人の先生が発起人になりまして「いま天皇制を語る」というシンポジウムを開き、それぞれが自分の考えを話した。あまり宣伝もしなかったんですが、学生も五百人ほどきました。予想を上回る参加者があり、三時間の予定が四時間まで延びました。

私どもの大学は社会人の方も聴講生として受け入れておりまして、その方たちも三十人ほど参加されていました。学生たちも発言しましたが、やはり戦争体験にしろ天皇体験にしろ、その身体や頭脳にからみついていて終生どうしても忘れられぬという原体験ではないんですね。だから、どうしても客観的な感想になってしまう。つまり、他人事として語るか、理屈でもって割り切るしかないんですね。もちろん、天皇制讃美の意見は全く出ませんでした。

社会人の方たちも発言されましたが、非常に興味深かったのは、ポツダム宣言を受諾した際の例のラジオ放送での天皇の声についての、ひとりの社会人の感想でした。先ほどのスライドでも、天皇が敗戦の詔勅を読む声が聞こえてきましたね。実際はあんな澄んだ声じゃなかったですね。我々の記憶ではザワザワした夾雑音がまざった、なんかこうキンキンする声でまるで抑揚がなかった。つまり、あんまり人間的な感情のない、他人事を述べているという印象でした。

そのシンポで五十代半ばのひとりの方が、敗戦の時、中学一年生だったとおっしゃっていましたが、その自分史を語られ、「あのラジオ放送で天皇の声を聞いて、私、あくる日から不良少年になった」と言われたのです。自分は忠君愛国精神の固まりみたいな少年で、幼年学校に入って熱烈な天皇の軍人になって忠君愛国の道を励もうと思っておったが、あの天皇の声の無感情さと無責任さに絶望した。「深い挫折感を覚えた私は、その後、自暴自棄というか不良になり、そこから立ち直るのに人生の半分を費やした」とおっしゃいました。私はその話を非常に興味深くうかがったのです。

さて、ここに毎日新聞の八木晃介さんがひとりで書かれ独力で発行されている個人新聞がありますが、この中で八木さんは、天皇の死についてひとりの知識人の手になる次のような文章を批判しているんですね。その文章は次のようなものです。

「人の死に際して、目出度いなどという不謹慎な感情を抱いたことなどさすがの私も初めてである。なぜ目出度いのかなどという理屈抜きで、あのヤローもとうとうくたばったかと思うと、はらの底からフッフッフッと笑いがこみあげてくる。それにしてもしぶといヤツだ。どうせくたばるのだからひとおもいにさっさとくたばればいいものを」――。

この文章に対して、八木さんは「嫌悪感が生じる」と書いておられる。八木さんも反天皇制の思想の持主なんだけれども、私は八木さんと考えが違う。考えというより感覚といった方が正確でしょう。八木さんはこの文章を生理的になじまない、といっているんだけれども、私はそうではない。これでも物足りないと思うのは、「笑いがこみあげてくる」のではなくて、あの戦争で死んでいった何百万、何千人の人びとの断末魔の苦しみと同じ苦しみをせめて同じ人間として追体験せよ、それがひとりの人間としての責任のとり方だという気持を抑えることができない。

また、『ゆきゆきて神軍』という映画がありましたね。奥崎謙三さんの映画ですが、その評価も私なんか非常に高いですね。私の高校生の息子と一緒に観たんですけれども、若い世代も非常に衝撃を受けておりますな、あれには。今の若い世代は戦争体験がないから、そのオドロキを何と表現してよいかわからない。大学で聞いても、学生もたくさん観たようですが、大方の意見は、自分たちはやはり戦争体験がないから、やはりどう考えてよいのか戸惑ってしまう、ただ奥崎さんのあの怨念《おんねん》をみると、やはり何かあったんだなということはわかるというんですね。

私なんかはあのすごい迫力がよくわかるんです。戦争責任をとことん追求しようとする奥崎さんのあの気持ちが。「あれはヤラセや」というシッタカブリの声もあるんだけれども、ヤラセなんてナマヤサシイものじゃない。あれは奥崎さんの人生そのものの表現でしょう。この映画についてのさまざまな論評のなかで、思想家と称する四十歳代の研究者が「嫌悪感をもつ」「市民社会のルールから浮き上がっている」といった調子で書いているんですね。「あれにはついていてはいけない」と。それを読んで、ハァーこれは年代の差なのかな、原体験の差なのかな、それとも人間としての熱っぽさの差なのかなと思いました。

この昭和史のなかでそれぞれの個人がどのように生きてきたのか、その人生に何がどのように刻みこまれているのか――そのことは天皇制との出会いや、戦争体験とそのまま重なっているんですが、非常にドロドロした血にまみれた原体験としていつまでも消え去らず、時にふれてオモテに露出してくるんですね。この体験は、私たちの世代にとっては永久に消えることがない。意識の上でも意識下でも、とうてい消えることはない。

私は一九三七年（昭和十二）に中学に入り、敗戦の前年の一九四四年に旧制高校に入りました。中学時代からいろんな強制労働をさせられました。キリスト教の桃山中学に通っていましたが、その近くの長居公園が一大高射砲陣地でした。そこに高射砲が数十台あって、その建設にしょっちゅう狩り出されました。それから一九四〇年の「紀元二千六百年」祭にも狩り出されて橿原神宮へ何回か行かされました。これには大阪、奈良の中学生がほとんど動員された。橿原神宮は神武天皇陵の横にある。当時はぺんぺん草が生えているだけの荒地でしたが、今は鬱蒼たる森になっています。

ご承知のように、神武天皇伝説なんていうのは、ずっとあとで天武天皇の時代に作成された『古事記』『日本書紀』に出てくるフィクションでありまして、神話上の虚構の人物です。そして明治維新まで、江戸時代には神武天皇陵というのはもうどこにあるかもはっきりしないような状態になっていたのが、あそこらへんにたくさんある古墳の中から、今の御陵を制定したわけです。荒れ果てていた古墳の一つだった。

御陵のすぐ横の畝傍山の土手っ腹に、「洞《ほうら》」という大きな被差別部落がありました。神武天皇陵を見下ろす高い所にあるのは恐れ多いということで、米騒動の年に移転させるとかいろいろありました。橿原神宮はいってみれば急ごしらえの神社でありまして、一八八九年（明治二十二）に建てられた新しい神社なんです。つまり、神武天皇を「王政復古」と同時に大々的に押し出し、御陵をいかめしく作りあげ、その隣に「大日本帝国憲法」の発布と前後して神宮を作り上げた。私なんかは勤労動員であそこに連れて行かれて木を植えさせられました。今聳えているのは我々が植えた木でありまして、その時一緒に動員に行った級友のひとりが、この間言っておりましたけど、今では引き抜きたい気持ちが強い（笑）。つまり、何も知らないままに歴史の捏造に加担させられたことになります。

小学校時代は、祝日と称する日にはいつも天皇の「ご真影」を拝まされる。校長がうやうやしく「教育勅語」を読む。その間、我々はずっと頭を下げている。意味が理解できない小学生にとっては、この何分間かは苦痛ですよ。それから、「ご真影」をまともに見ると目がダメになるとよくいわれた。〈聖〉なるモノを、俗人は見てはならない、つまりタブーですね。〈現人神〉である天皇を見てはならない、タブーとされていたわけです。一度、私の通っていた小学校の前を皇族のひとりが通過するというので、全員道路にズラリと並ばされたけど、その時も「お姿」を見てはいけないと伝達された。天皇と被差別民が両極におかれて、神聖なモノと卑賤なモノが両方ともタブーとされたんですね。古代身分制では、天皇と賤民はともに姓がなかった。今でも天皇には姓はありません。

反戦運動弾圧後の昭和十年代

物心がついて、いろいろなことを感じる年代になりますと、もう十五年戦争に突入していました。すでに岩波文庫の白帯・青帯、つまり哲学・社会科学関係ですが、これがほとんど手に入らないという時代でした。もう当然、マルクスなんかは読めないわけでして、戦前の反戦運動が社会のオモテでぎりぎり最後まで残ったのが、昭和十二年です。この一九三七年で、社会運動は事実上終わった。徹底的に弾圧されてしまい、根こそぎやられてしまったのです。一九四〇年からは、「大政翼賛会」的なものだけが我物顔でやっていました。

私の記憶では、親父と歩いておった時に、ちょうど総選挙があって、電柱にいろんな選挙ポスターが貼ってありました。普通は大政翼賛というか戦争讃美的なビラばかりだったが、一つだけ際立って違うのが貼ってあったんですね。色が赤くて、ほかのとは少し違うんで、親父に「これはどういうものなんだ」と聞いた。「これは左翼といって、労働者、貧乏人の味方なんじゃ」ということで、ハァーと思ってしげしげと見た記憶があります。中学に入る前でしたから一九三七年頃の総選挙でしょう。その前に労農党をはじめとする反体制派がいくつかありましたが、これらも徹底的にやられて最後に残ったのは社会大衆党ですね。この一派だけが、あまりはっきりオモテに出すとすぐやられるから目立たぬ表現でしたが、反戦・反ファシズムを掲げて軍国主義に反対した。たしか東京一区の加藤勘十が第一位で当選した。それが最後で、これもまた地上から消されてしまう。もちろん、子供の私には、そういうことが全然わからなかった。

十七歳で高等学校に入りました。当時の旧制高校はなかなかマセていまして、カントだとかヘーゲルだとかわけのわからんままに勉強しておりましたが、マルクスとかレーニンとかいう言葉は当然まったく出てまいりません。デモクラシーという言葉すら禁句でした。「鬼畜米英」「赤鬼ロシヤ」というのが世間一般で通用している時代ですから、民主主義や人権思想という言葉すら聞いたことがなかった。

私たちは文科と理科に分かれておりまして、文科も甲・乙があって、甲が英語で乙がドイツ語です。文科は、私の入った年から徴兵延期がなくなりました。英語も敵性語でダメということになって、入学試験にも出ない。試験は数学と国史と作文。今でも覚えていますが、国史の試験の一題は、「大和魂の日本史における意義について述べよ」でした。作文は「日本刀」でした。私は将来、文学者になろうと考えていましたので、理科に変わる気持ちはまったくなかった。しかし、理科に変わらないとすぐ兵隊にとられることは目に見えている。だから、理科に志望を変えたものがたくさんいた。しかし、私は、やむをえんと覚悟して、文科に入りました。三十人の文科のうち、甲類はわずか七人でした。あとはみなドイツ語なんですね。当時は日独伊三国同盟の時代ですから。

四月に入学して、六月から工場動員でした。それから敗戦まで学校に戻りませんんでした。すぐ近くの池田のダイハツへ入りました。最初は発動機の仕上げ工。そこで敗戦までの約一年三ヶ月、上陸用舟艇を造っておりました。

たしか一九八〇年の秋でしたが、たまたま新聞に、ニューギニアに昆虫採集に行ったルポが載っていました。ニューギニアの南端の小さな無人島に上陸したら、小さな赤さびた鉄舟が流れついているのを見た。ちょっと覗くと人骨が何体もそのまま残っている。どういう舟なのかと調べてみると、舷側に「ダイハツ」と書いてあったというのです。おそらく餓死でしょうが、日本兵の骨はそのまま辺境の孤島に流れついて残っていたのですね。その記事を読みまして、その日の講義に新聞を持っていって、学生諸君に「この舟は私たちが造っていた舟だ。そのなかで諸君とあまり年のちがわない日本兵が、まだニューギニアの孤島で骨を拾うものもないままに深い眠りについている」と語りました。みんなシーンとして聞いていました。もっとも、深い眠りについたかどうか、心安らかに眠っているとは私は思いませんけれども……。

ここでちょっと三島由紀夫について触れておきます。彼は戦後文学のなかで特異な位置を占める作家ですが、彼の晩年での天皇制ナショナリズムへの傾斜、傾斜というよりは陶酔といった方が適切かもしれませんが、その問題を真に受けてはむしろ三島文学の本質を見間違うと私は考えています。その三島由紀夫の晩年の作ですが、『英霊の声』という小説があります。深い意味を持った小説です。もうかなり前に読んだので正確には覚えていませんが、ざっとこんな粗筋でした。

一口で言えば、天皇のために海の藻屑《もくず》と消えていった兵隊の霊が、天皇を呪詛《じゅそ》するという小説ですね。呪詛とは、その人を恨《うら》み呪うことですね。英霊のなかから神がかりになったシャーマンらしいのが出てきて、ウラミの言葉を述べる。「お前はわしらを戦争に狩りだしておいて一体なんだ。神だ、神だというからわしらは信用して歓呼の声に送られて戦場に行った。そして神であるわが天皇のために死んだ。ところが戦争が終わってみると、今度は人間だと宣言している。一体どういうことなんだ。わしらは何のために死んだんだ」――まあ正確ではありませんが、おおよそこういうように天皇を恨むわけです。

これは三島の自決直前の作品で、私は興味深く読みました。三島由紀夫は、この昭和天皇は万世一系の神なる天皇が統治する日本の歴史を汚し、その万国無比の国体に傷をつけ、多くの民草を裏切ったと言いたかったのでしょう。ですから、彼が三島美学を完成させるためには、自分の部下に宝塚少女歌劇の兵隊みたいな服を着せて自衛隊へ突入して自決するんじゃなくて、宮城に突入すべきだったんです。方向が間違ったんですね、あれは。だから美学にはならないで、できそこないの劇画になっちゃったんです。私は三島の割腹自決をニュースで聞いたとたん、そこまで思いつめるなら、そうすべきであったと思いました。封鎖している大学に乗り込んで、全共闘に結集している新左翼の学生たちと真剣に対話したほど物事を突きつめて考える文学者でしたが、あれはまことに残念な最期でした。

戦時下の工場動員

話が横にズレましたけれども、工場では、三交替制で二週間ごとに徹夜作業が回ってきました。食事も粗末なもので、オカズは芋の葉の煮たものが多く、それに薄い味噌汁だけでした。だからいつも腹が減っていた。徹夜のさい深夜に夜食がくばられるのが楽しみでしたが、それも麦パン一個でした。私は背丈はその当時も百七十センチはありましたが、体重は四十七キロしかありませんでした。ほとんどみなが半栄養失調でした。

そんな状況でしたけれど、昼休みにいろいろ研究会をやってました。夏目漱石を読むとか、英語でサマセット・モームを読むなどの研究会をやっていました。戦争中でしたけれども、あまり熱烈な天皇主義者はいなかった。当時でも天皇制思想に心底からいかれていたのはクラスで三人ほどでした。当時の東大に平泉澄という皇国史観の鼓吹《こすい》者がおりまして、彼の弟子が国史の教師として私の高校にいました。天照大神を玄関に掲げ、日本刀を床の間に祀るような根っからのスーパー天皇主義者ですが、この人の教えに影響を受けたんですね。だが、大多数はそうじゃありませんでした。半分くらいは工場でも女の子を追っかけていた享楽派でした。残り半分はどちらかといえば西欧派でした。

私たちヨーロッパ派の当時の巣は、朝日会館でした。朝日新聞社の五階にある当時としては最もモダンな劇場でした。その朝日会館が最後までヨーロッパ映画を上映していたんです。いつも学生たちで一杯でした。そこでフランス映画を主としたヨーロッパの映画を観ましたね。私たちがウーンとため息をついて観た最後の映画は『白鳥の死』というバレー映画でした。美しいパリジェンヌが華麗な音楽にあわせて踊るのを観ながら、こういう世界もこの世にあるのか、とみんな口をアングリ開けて、なかば放心状態で観ておりましたね（笑）。

もちろん、普通の映画館は、『ハワイ・マレー沖海戦』『加藤隼戦闘隊』などの軍事物が主力でした。働いていた工場で、ドイツの潜水艦が運んできた『急降下爆撃隊』という映画を観せられたこともあります。それから『世界の果てまで』でしたか題名はちょっと忘れましたが、今日アパルトヘイトで有名な南アを植民化する際のボーア戦争ですね、あれをドイツ・ナチズムの立場から映画化した作品も上映され大ヒットになっていました。

読む小説もフローベルとかモーパッサン、バルザックなどのフランス自然主義文学、それにドストエフスキーとかトルストイとか、そういうものをみんなよく読んでおりました。あまりにゴリゴリの日本軍国主義的なものは、戦争中も読まれていなかった。本も配給制で、工場で最後に配給されたのが太宰治の『源実朝』と島木健作の短編集でした。それも三十人に一冊ずつなんでくじ引きでした。

いまでも私の手元に残っておりますが、工場に入ってすぐに世論調査をしたことがあります。「尊敬する人物」「推薦する愛読書」の二問で、クラス三十人ですからわずかな票しか入りませんが、文学作品で漱石の『こころ』と倉田百三の『出家とその弟子』がトップ、その他『明暗』とか鷗外の『舞姫』、藤村の『夜明け前』とか、そんなのが上位に入っていました。武者小路実篤や志賀直哉など白樺派も高得点でした。外国文学では、ドストエフスキーの『罪と罰』とかトルストイの『復活』ですね。ボードレールやランボー、マラルメなども何票か入っています。私などもサンボリズムにいかれてそういう詩を書いたこともありました。あまりゴリゴリに天皇制に呪縛されていたという心証は、そこから見る限り出てきていませんね。

「尊敬する人物」でも当時忠君愛国のカガミとされていた楠木正成なんていうのは一票しかありませんでした。いまから見直すと、案外、心の底までは天皇制ナショナリズムにとりこまれてはいなかったんではないかという気がします。西田幾多郎や田辺元、三木清なども入っています。一人だけ「マルクス」と書いたのがおりましたね。もちろん、これはシッタカブリのハッタリで書いたんで、マルサスと区別がつかなかったんですね。

工場に入りますと労働者も交えて一緒に同人雑誌を出しました。その誌名が『孤舟』、たしか七号まで出しました。手書きの原稿を集めて、表紙をつけただけのものですが、今も何冊か残っています。この名前からみても、やはり天皇制ファシズム下でポピュラーな名前とは大分違っていますね。小説あり、評論あり、短歌と詩もあるというゴッチャな編集でしたが、むろん、「今日のたたかいは聖戦である」という雰囲気は全体として色濃く出ております。そういう天皇制ファシズムの枠組みから逃れうるものを私たちは何も学んでいなかったのですから、そこから独力で抜け出す思想はもちろんなかったのですが……。

さて、敗戦の年の四月に入ると、池田のダイハツも毎日のように空襲でやられるのです。隣が今の伊丹飛行場でした。そこに百機ほど陸軍の飛行機がおりまして、戦争末期には空襲警報が鳴る前に全部日本海へ向かって飛びたって行きました。全部逃げて行くんです。空襲警報が解除されるとまた戻ってくる。なぜかというと、米軍の本土上陸のさいの特攻隊用に残しておったんですね、空中戦をやらせないで。敵機が見えなくなると、どこからか戻ってくる。末期には紀州沖の航空母艦から飛び発った米軍の艦上戦闘機がたくさん飛来して、池田の五月山からプロペラを止めてザァーッと急降下してくる。そのいきがけの駄賃でダイハツの工場はいつも機銃掃射を受けました。私のいた発動機工場第二課に都島工業の若い生徒諸君も動員でいたのですが、何人かが私たちの目の前で一瞬のうちに殺されました。まだ十五、六歳の少年たちでした。

私は工場で働いている間、池田市内のお寺に泊まらせていただいていたんです。本願寺の寺で、奥さんはもう亡くなられていて、和尚さん一人だった。龍谷大学に通っていた息子さんがいたんですが、私が訪れた時にはすでに二十三歳で戦死しておられました。その一人息子の部屋がそのままにしてありました。本やノートもそのままなんです。親父の和尚さんがちょいちょいその部屋に入って、一人でじっとしておられた。私もたまたまその部屋に通じる廊下を歩いていて、死んだ息子の椅子にじっと座っているそのうしろ姿を見て、ハッと息をのみました。泣いておられたんでしょう。息子さんが愛好されていたレコードが何枚か残されていました。ヨハン・シュトラウスの「ウィーンの森の物語」なんかよくかけて聞きました。高峰三枝子の「南の花嫁さん」なんかもありました。この前、四十年ぶりでそのお寺を探しあてて訪ねましたが、もうすっかり変わっておりました。和尚さんもとっくに亡くなって、家も断絶したんじゃないかと思います。

「八月十五日」の光景

そういう末期状態がずっと続いていましたが、八月十四日に明日正午に天皇の玉音放送があると工場で布告が出ました。もうその頃は大阪の中心部は全部焼け、私の工場も五月山の谷間に機械を運び込んでいました。クラスではこの天皇の放送について大分議論しました。〈ポツダム宣言〉が出ていることは知っていました。アメリカの飛行機がビラをまいておりましたから。工場内の憲兵は「敵性ビラを拾うな」と言って見張っておりましたが、拾うなといわれると拾いたくなるのが人情で（笑）、みんな拾って便所に隠れて読んだ。

クラスの意見は二つに分かれました。クラスといっても、三十人いたのが当時残っていたのはたった八人でした。そのうち三人は結核で、私を含めてあとの五人は早生まれか中学四修でまだ満十八歳になってなかったので召集がきてなかったんですね。しかし、いつ召集がくるかわからん情勢でしたので、みんな奉公袋を用意していましたが。奉公袋というのは、軍隊に入営する時に必要な日用品一式を入れた袋です。

クラスでは、おそれ多くも陛下が国民に直接呼びかけられるのだから、ポツダム宣言を受諾するのだろうという意見が出ました。もう一つは、一億国民最後まで力をあわせて神国を護るべしと激励演説をやられるのであろうという結論でした。後者の意見の方が多く、敗戦説は少数でした。家へ帰ってから親父の意見を訊ねると、「これはもう負けじゃよ、いや、負けた方がええ。これ以上やってもムダな犠牲が増えるだけじゃ」とはっきり断言しました。父は若い時から演劇運動一筋で、終生定職をもたなかった自由主義者でしたから腹はすわっていました。

六日に広島に原爆が落とされたことは、我々もすぐに知りました。原爆とはいわないで、特殊高性能爆弾といって、それが落ちたことは二日後に小さな記事で発表されておりました。私たちも原爆というものを知っていました。それからは、B29がたった一機でやってきても、みな防空壕に逃げ込みました。それまでは一機だけの空襲警報ならば、いちいち逃げてはキリがないので、真上に爆音が聞こえるまでは防空壕に入らなかったのです。

日本も原爆を一生懸命に開発しているという話は、配属将校なんかも語っていました。「日本は神国であるから、いざという時には必ず神風が吹く。」その「神風」とは何であるか、高性能の軍事技術が開発されている現代で、蒙古襲来時の台風を想い浮かべる者はいませんでした。それで、現代の神風とは、それは「原爆」であるというように話が出ていました。

当時の教師は、ズバリ言わせていただくとみんな腑抜《ふぬ》けておりましたな。つまり、戦争に反対した気骨のある先生方はすでに人民戦線事件などでやめさせられておりましたから。軍国主義万歳の教師は少なかったけれど、無気力な人ばかりになっていました。ただし、積極的に戦場へ行って天皇陛下のために死んでこいといった教説はほとんどききませんでした。たった一人、社会科学の先生で生産力理論の立場から、日本は敗北するんではないかと間接的に予言された先生がおりました。みんな軍部のいいなりというか、体制順応型の教師でしたね。ああいう教師が多かったから日本はダメになり大勢の若者が死んでいったんだな、と今よくわかります。

ダイハツでも、戦前の労働運動の生き残りが何人かいまして、私たちにあからさまではなかったが、戦争に行ったら生命を大事にして生きて帰ってこいよと言っていました。暗に反戦をほのめかしていたんですね。そういう動きが当局に漏れたのか、ある日、大熊、岡田という——今でもよく覚えていますが——三十五、六歳の熟練工の二人が憲兵に引っ張られていきました。

当時の工場は、大半が勤労学生と強制的に狩り出された婦女子で、ほとんどの労働者は戦場に行っていました。それでは工場の機械が動かなくなるので、ポンポンポンと点のように熟練労働者を兵隊にとらないで残していたんですね。戦後にダイハツへ行った際にその二人のことを訊ねたんですが、その後の消息はわからないとの話でした。硫黄島に連れていかれて、あそこで玉砕したという噂もあると聞きました。

さて、八月十五日は工場が休みの日でしたので、私は母親が疎開しておりました大和の片田舎の二上村に行きました。そこの馬小屋を借りまして、母親、弟、妹が疎開しておりました。馬も人間と同じく、召集されて戦場に連れていかれて馬小屋が空いていたんですね。当時、私は大阪近郊の田辺に住んでおりまして、まだ戦争が続くかもわからんので、なけなしの本を疎開させようと思ったのです。着いたのがちょうど正午直前でして、村の広場に二百人くらい集まっていました。その真ん中にラジオが一台おいてある。当時、若い人なんか全然おりませんで、お年寄りと子供ばっかりでした。

たまたま私があらわれたもんだから、「今から天皇陛下の玉音放送がある。どうせむずかしいことを言いはるやろう、学生さん、あんたならわかるやろうから、みなを代表して聞いてくれ」というわけです。今のように何百万と学生がいるわけではなく、当時の学生はやはりインテリのはしくれだと見られていたんですね。そして、正午きっかりに玉音放送が始まった。

みな気をつけをして一所懸命に聞いている、万世一系の尊い血筋をひかれている〈現人神〉の声をはじめて聞くわけですから。ところが、先ほど述べたように夾雑音がまじっていてよく聞きとれない。神国不滅とアジテーションをやるなら、まさに神がかりのこの世の声ならぬ声で、肺腑《はいふ》を抉《えぐ》る痛切な叫びになるだろう、ポツダム宣言を受諾してこれで負けたというならば声にならんような声になるだろうと予測しますよね、誰でも。ところが全然抑揚がないし、他人事のようにたんたんと語られていく。こなにか書いた物を棒読みしているように感じられる。しかも意味が聞きとれない。これは一体どうなってんのかと思いましたね。おそらく全国民がそういう印象をもったでしょう。

ようやくわかったのは「堪え難きを堪え、忍び難きを忍び」という言葉がかすかに聞きとれた時です。それで私は、「戦争は終わりました」と大声で叫んだ。そうしたらきちんと列《なら》んでいた村人たちの円陣はたちまち崩れてザワめきだし、私にいろんな声が返ってきた。まず「勝ったんか負けたんか、どっちゃ」(笑)。「日本が負けることなんかあれへんやろ」「ほんまか」と二、三人が問い返すけれども、あとはみな気抜けしたように呆然としてもう声にならない。

私は、「日本が負けた」「戦争に敗れた」と言ったとたんに、みんなワッと泣きだしてすさまじいことになるんじゃないかと、心のどこかで一瞬判断しながら敗戦を告げたんです。ところが、私が想像していたよりもはるかに平静で泣き出す人なんか一人もいなかった。一瞬、間があって、今度はおじいちゃん、おばあちゃんが一斉に質問を始めたんですね。

どういう質問がきたか、私は今も生々しく覚えております。インテリのはしくれとしての私は、「これから日本はどうなるのか」とか、「天皇陛下様はどうなるのか」というような質問が当然くるだろうと思っていたのですが、そういう天下国家についての質問なんか全然ない。「フィリピンに行っている息子はいつ帰ってこれるやろか?」

とか、「うちのおとうちゃんはニューギニアやけど、もう帰ってこれんやろか？」とか、そういう質問ばっかりでした。つまり、肉親のことばかりで、天下国家や天皇のことはゼロ。

私はまともな答えもできないまま、その日の午後、すぐ近くの二上山に登りました。当麻寺の横から登ったが、戦争中、山に入る人もなく道は荒れ果て草茫々。あの日は日本中、雲ひとつない晴天。ふるような蟬しぐれだけで、全山静まりかえっていました。苔むした大津皇子の墓がひっそりとある頂上で、「日本はこれからどうなるのか」―「自分たちの運命はどうなるのか」と、はるかに大和の山なみを望見しながらしばし考え込んでいました。そのことを、まだ昨日のことのように覚えています。

戦後への出発

その夜から、数年続いた灯火管制がなくなりました。ウチワを片手に出てくる、みんなステテコ姿でしたね。汗だくになって猛暑でも身につけていた防火頭巾も、鉄カブトも、ゲートルも、みな脱ぎました。長屋住まいの庶民の間には、悲愴感といったものは全然ありませんでした。早速、縁台将棋も始まる。近郊に疎開していた婦女子が帰ってきたので、いっぺんに賑やかになりました。まあ、なんとか生き延びたという安堵感がみなぎっていました。そのように、わりあいアッケラカンと戦後に移りました。

九月一日から学校が始まった。教室はまだガランとしていて、学徒動員でまだ兵隊に行ったままで、学校に出てこれない者もいた。そして、家が焼けて住む所がなく、田舎に帰ったままの者も何人かいました。クラス三十人中病人の三人を除いて五人だけ兵隊に行かずに残っていました。私は野球をやっておりましたが、私（ショート）とコンビを組んでいたサードの大北禎一君は永久に帰ってきませんでした。中国大陸の奥地から、『万葉集』を行軍の合間に読んでいると伝えてきたハガキが最初で最後の便りでした。

二週間もすると、夜店も始まりました。その夜店に古本がどっと出回りました。戦争中の禁書がズラリと並んでいます。新聞も報道がガラッと変わりました。そうすると私たち若い世代が知らなかった世界がいっぺんに開けてきたんですね。そうだったのか、戦争前は反戦運動もすごくあったのか、労農運動、学生運動なんてこともだんだんわかってきました。最後まで抵抗して獄中につながれていた反戦の闘士もいた、ということも新聞に大きく出た。そういうことは一度も教えられたことはなかった。ですから、みんなオドロキですね。そうです、敗戦後の二週間はオドロキの連続でした。

戦争中には高かった西田哲学などの本が安くなって、これまで陽の目をみなかった本がひどく高い値段になっている。河上肇の『貧乏物語』など、そういう本を古本で買ってきてみんな競って読みました。目からウロコが落ちるというのはこのことでしょう。一番苦悩していたのは、やはり、天皇万歳をやってミソギなどしていた連中です。クラスにいた三人の天皇主義者、日本神国論者は、みんなに「お前、まだ切腹しないのか」と言われてましてね、ベソをかいていました（笑）。

天皇制の問題を正面から考えていかねばならないという問題意識を最初に持ちだしたのは、クラスの私たち西欧派ですね。勤労動員のさなかでも女の子をおっかけておった連中は戦後も同じでございました。こういうタイプは、いつの時代になってもあまり変わりませんな（笑）。地獄の底に落ちても同じで、やはり女の鬼を追っかけるんじゃないか（笑）。そういう人間の性《さが》は、あまり世界観の大転換とは関係がないようですな（笑）。我々西欧派は、戦後すぐ文学研究会を作りました。そういう研究会が、学校全体で雨後の竹の子のように生まれました。みんな本当の知識に飢えていたんですな。

十月に社会科学研究会もできました。まず手始めにマルクスの『ドイツ・イデオロギー』から読みだしたんですが、どうもさっぱりわからない。哲学や科学の論理の展開になじんでいませんでしたから。教師を呼んできても、これもうまくいかない。そこへ理科の北村君というのが入ってきたんですが、彼は戦争中から反戦派だった。一九四三（昭和十八）年まで『真理』という非合法誌を出していた大阪商大（現大阪市大）の反戦グループの影響を受けて、戦争中からそういう文献を読んでいたんです。

社研はまだ数人でしたが、そういう研究会を基盤にして学生自治会が十月に発足した。教師連中はただもう黙っているだけで、積極的な対応は何もありません。突然の敗戦で、みんなもう茫然自失の状態です。学校の運営は、みんな学生主導型で、一種のアナーキーな状態でした。自治会ができると、早速全学で教師の戦争犯罪についての投票をやり、その結果を一覧表にして張り出した。

戦争中ずっと非転向で牢獄に抑留されておった戦前の闘士が、解放されてシャバに出てきた。彼らが大阪の中之島にある中央公会堂で講演会をやるという話を聞きました。あの戦争中に最後まで天皇制ファシズムに抗してたたかった人がおったという事実は、当時の私たちにとってやっぱりひとつの希望の星でしたよ。敗戦の年の十月二十六日だったと思いますが、たまたま社会科の時間だったので、戦争中、敗北を予言していた先生ですが、その先生にクラス全部で講演を聞きにいきたいと申し入れてみんなで電車に乗って行きました。

すごい雰囲気でした。戦前の左翼がみな集まってるんです。「赤色防衛隊」と書いた腕章をつけて右翼の襲撃を警戒していた何十人の中に、私が桃山中学（桃山中学は戦前、最後まで朝鮮人を受け入れた学校なんです）にいたころの高君という朝鮮人の同級生がおりました。つまり、彼は戦争中からはっきりした思想を持っていたんですな。そうでなければ、戦後一ヶ月で左翼の決起集会に出てくるはずがない。お互いにびっくりしましたが、私と仲の良かった高君の方も驚いた。彼はなかなかの秀才で、英語と歴史が特に得意でよく彼にわからん所を教えてもらっていました。「ヤァー、なんでお前こんなところにいるんや」と不審顔でした。それはそうでしょう。私たちのような十代は全く見当たらなかった。

会場に入りましたが、私たちは一番うしろ。獄中戦士・徳田球一をはじめ、数人が手を高く上げて一列になって出てきました。そうすると何人かが壇の前に走っていって泣きながら何か言っている。その時はよくわからなかったが、戦争中弾圧に屈服して転向した人たちなんですね。

さて、徳田球一の第一声は、「天皇制打倒」でした。そうしたら、「もう古い！」という鋭いヤジが飛びました。これはいわゆる労農派、今の社会党系の元祖の人たちなんですね。「労農派」は戦前から、主敵はむしろ天皇制をかついだ独占資本主義と軍部だと見ていましたからね。一方、共産党系はいわゆる「講座派」で、主敵は封建遺制としての天皇制と見ていました。この論争は戦前から非常に活発だった。それが、もうその場で火を噴いているわけです。私たちには何のことかさっぱりわからない。労農派や講座派というのも、もちろんあとから勉強してわかったわけです。「それは古い、問題はアメリカ占領軍じゃ、問題は」という声がまた出ました。そうすると徳球が壇上から「つまみ出せ！」と指さす。赤色防衛隊がワッとかけ寄ってきて場外に連れ出しました。これはえらいとこじゃと思いましたね。それから、「河上肇が死にかけてる、義捐金を出そう」とさかさまにした帽子も回ってきました。アピールしたのが黒木重徳でした。十八歳の私にとっては見るも聞くも、すべてがショックでした。ただ、今から思えば、もっとすばらしい、知的で思想的にも胸にズシンとくるような鋭い演説という期待があったんだけど、実際はそうじゃなかった。

　その時は適当な表現が見つからなかったけど、どちらかと言えば期待はずれだった。この人たちが獄中十数年も反戦でたたかってきた人たちなのか、そういう印象が最後まで残りましたね。理性的にも感情的にもなんとなく違和感があった。しっくりと溶け込んでいく気持になれなかった。思想的にもなんだか荒っぽくて、もっと高尚なものを予期していた私たちの気持にそぐわなかった。なぜなのか、その時はよくわからなかった。最後は、「天皇制打倒！　賛成者起立」ですよ。

　私たちはまだ天皇制打倒というところまではいっていない。天皇制はどうもおかしいんじゃないか、天皇の戦争責任の問題を中心にそういう討論は始まっていたんですが、理屈抜きで、「打倒！　起立」でしょ。「立たんとえらいこっちゃ、ともかくみな、立て」というわけです。あの広い会場で、戦後派で参加していたのは私たちだけなんです。あとは全部戦前派。まあ、終わって全員でデモに出発していきました。楽隊を先頭に立てて、千数百名はいたでしょうか。大阪で、戦争中の抵抗運動、反戦運動に参加した人の何割かが集まったんでしょう。仏教徒の方もおられましたですよ。黒衣を着て参加されていた。

私らはそのあとをじっと見送ってました。まだあちこちの焼跡がそのままになっている御堂筋を通って梅田駅まで歩いて帰ったんだけど、みんな声がなかった。黙々とそれぞれの思いを噛みしめながら歩きました。これから何をどう考え、何をやって、どうやって生きていくのか……。それが私たちの戦後のスタートでした。(拍手)

(本稿は、一九八八年十二月十四日、「他人事でなく政治を考える会」(於大阪)における講演記録に加筆したものである。)

●解　説

沖浦さんの〈学〉と〈風味〉

千本健一郎《せんぼんけんいちろう》（ジャーナリスト）

沖浦さんに初めてお会いしたのは一九八二年のことだ。折しも作家の野間宏氏らとインドのカースト制をめぐるフィールド・ワークを終えたばかり。こちらは『朝日ジャーナル』という週刊誌の編集部におり、お二人にインドで見聞した差別・被差別の現実から発して、その差別体系が中国、日本にどんな形で伝わり、どう変形・吸収・表現されるにいたったかを縦横に論じていただいたのだった。

沖浦さんは桃山学院大学学長という激職のなかから寸暇を盗み、東京・築地の小さな日本宿に陣取る。そこへ野間氏が古今の差別問題に関する資料を山とかかえて現れる。討議・報告は三日三晩ほどかけて行われた。野間氏はすでに『青年の環』をはじめとして被差別部落を軸にした作品、論考を多数発表していたし、沖浦さんもまた比較文化論・社会思想史の観点からこの方面への思索を深めていた。

両者が長年、関心を持続させてきたものが、インドという新しい触媒をえて、この場でいっきに爆《は》ぜかえる思いがした——というのが、砂かぶりで議論を凝視していたものの実感である。たとえば——

インドではカースト制の原理が〈浄・穢〉観で成立しており、中国での差別は〈貴・賤〉観であって、朝鮮は日本と同じく中国文化圏に属していて律令制の影響が濃い。また、日本ではまだ十分に解明されていないが〈貴・賤〉からしだいに〈浄・穢〉観が濃厚になっていったと思われる……。かと思うと、第一次産品の生産者であった被差別者こそが文化の担い手であった、とくり返し強調される。

こうした大テーマが、仮説も含めて次つぎ提起され、論証の努力がなされる、という具合なのだ。この営為は後日『アジアの聖と賤——被差別民の歴史と文化』（人文書院、一九八三年）として実を結ぶが、日本賤民史の視座をひろげるうえで少なからず存在感を示した。のっけから話が大きくなりかけたが、端的にいえばこの「聖・賤」論議の焦点を「天皇と賤民」に絞りこみ、沖浦流の歴史的照射を展開してみせたのが本書である、ということになろう。

では沖浦流とは何か。もともと彼の学問や思考法の根本には、私小説的ともいうべき成育歴上の事実がはりついている。彼はそれを「わが人生の三つの磁場」と呼ぶ。

第一は幼少年期、まだ近世の面影を残す旧摂津国（現・大阪府北部）の農村に生まれ育ち、そこを通る西国《さいごく》街道筋で昭和初期の民俗を見聞きしたこと。とりわけ印象にとどめたのは街道を往来する遊芸民と遊行者と乞食巡礼であったという。第二は、小学校低学年のころ日本最大の貧民街《スラム》として知られる大阪市南部の釜ヶ崎周辺で生活したこと。ここで彼は「俗世の裏街道」視された貧と色の世界を垣間見ることになった。そして第三は旧制高校から大学にかけての青春前期。第二次大戦の敗北で天皇制ナショナリズムが崩壊した時代との遭遇である。沖浦さんの言い方を借りれば、産湯《うぶゆ》の時から〈日本神国〉思想によって教育された世代が、「もう一度生き直さねばならぬ」新しい局面にぶつかったということだ。

そうした身近なものへの眼差しが後年、日本社会の差別・被差別の系譜、構造、生態を解き明かす沖浦さんの姿勢をはぐくんでいく。直接、体験や実感でとらえたものを、できるだけ資料にあたって咀嚼《そしゃく》し、さらに現地を踏んで確かめ、理論化して物事の本質に迫ろうとする学問的態度、といってもいい。

その知的ダイナミズムのせいでもあろう。沖浦さんの発想や論法は柔軟でスケールが大きい。街道を行く遊行者集団について語ればいっきに遍路、虚無僧、陰陽師の類から説経師、門付芸人の諸相にわたる。それがまた、みずから訪れた百を超える被差別部落の歴史的探索とも結びつく。時系列も中世から近世、近代へと軽々とまたいでしまう。貧と色とが混在する場所に目を転ずれば遊里、芝居町を併存させた「悪所」への探究が深まる。さらにことが日本民族の諸源流やカースト制に及べば視野は自然、アジア大陸から赤道周辺の島嶼《とうしょ》地域にまでひろがる――。

この変幻自在ぶりは、本書でも随所に見られる「沖浦学」の特徴である。そしてその根底には、敗戦の混迷期を経た一九五〇年代中頃に、高橋貞樹（一九〇五―三五）という埋もれた思想家と出会ったことが大きく作用している、という説明がつづく。戦前は発禁、戦後は占領軍の押収にあっていた高橋の著作『特殊部落一千年史』(*)は沖浦さんに「かつてない思想的衝撃」を与えた。これは七〇年代初頭、彼が西欧に留学し、「自然の破壊・伝統文化の解体・コミュニティの崩壊という高価な代償を払いながら、物質文明の光と闇を同時に体現していた」姿に失望し、「アジア文明体系の再発見」に方向転換することにもつながっていく。その経緯を語った「わが部落問題との出会い」は本書のなかでも白眉の一編といえよう。

沖浦さんはこの本をまず「ながい間賤視されて、隷属と屈従と窮乏とを強いられてきた被差別民の生活と民俗を素描した歴史の書」ととらえた。次に「虐げられてきたすべての人びとの解放を目ざす運動の書」と考え、そのうえで「さまざまの不正と矛盾と退廃に充ちた社会の只中にあって、『人間、いかに生きるべきか』を自らに問う人間の書」として受けとめたのだった。つまりは、やがて沖浦さんの学の根幹を形づくる天皇制のルーツ考察、部落の歴史的位置づけ、アジアの「辺境」へのこだわりといった主題がここから浮かび上がり、これを土台に着実に開花していく過程が見てとれるのである。

本書の全体像をひとことでいえば、天皇制と被差別民という、長らく二大禁忌圏とされてきた領域に歴史と伝承の両面から迫り、日本人の心性に巣くう差別意識を腑分けしようとする試みである。というと、ものものしく響きかねないが、表現形式はけっして、しゃちこばった論文の集積ではない。随想と講演録という親しみやすい形で著者の学殖の精髄《エッセンス》が平明にのべられている。結果としてこれ自体が一つのユニークな「語りもの」になりえている、といえるのではないか。

さまざまな研究成果を踏まえた比較考量、膨大な文献解読、広範な調査旅行と大勢の人びとからの聞きとりなどなど。沖浦さんは多様な時間と空間を自在に行き来しながら人間の声、なかでも被差別の歴史を背負わされた人たちの声をすくいとり、それをあやまたず今の世、次の世に伝えようとする。その学究としての誠実さとフットワークの強靭さが、また見ものである。

この本であつかわれる題材も日本民族の諸源流、日本とアジアをめぐる歴史と民俗・文化のからみ合い、そこから発する差別・被差別の思想的葛藤と人びとの生き方など、多岐をきわめる。だが著者の目は、天皇制への疑義を起点に、日本人が何を、何故に聖とし、賤としてきたかにぴたりと照準を合わせている。

天皇制の影はうすれた。部落差別なんていつしか消えてなくなった。そんな気分や軽口が頭をもたげる時期であればこそ、差別・被差別の現実なり本質なりを把握する力量がいちだんと求められる。そしてそのための有力な手がかりが、ここにはある。

最後に、これまでインド、インドネシアはじめ国内外の沖浦調査行に何度も加わったものの一人として、こうした〈学〉を成り立たせている沖浦さん自身の〈風味〉といったものに触れておきたい。

沖浦さんは学問や調査の現場にあってはあくまでも貪欲にしてかつ謙虚。情報や知識に対する独占欲は皆無。人に対しては率直をきわめる。相互に平等、寛容、公平という原則を堅持する。その一例。彼はだれに対しても「さん」付けで向き合う。彼にあっては学術と人格とは切り離せない関係にあることがよくわかる。

その意味で彼の周囲には、つねに春風漂うの趣がある。沖浦さんの研究・踏査の軌跡が、おのずと「オキウラ・ワールド」と名づけられるゆえんである。


（＊）同書は現在、『被差別部落一千年史』として岩波文庫の一冊に収められ、沖浦氏自身が校注・解説にあたっている。

＊本文庫は、沖浦和光著『天皇の国・賤民の国——両極のタブー』（弘文堂、一九九〇年九月刊）を原本とし二〇〇七年九月に河出文庫として刊行した際、第Ⅰ章は割愛しましたが、このたびの復刊に際し、そのうちの「一九四五年・八月十五日前後——ダイハツ工場での一年有半」を収載し、改題して再文庫化するものです。

天皇《てんのう》と賤民《せんみん》の国《くに》

二〇一九年 二 月一〇日 初版印刷
二〇一九年 二 月二〇日 初版発行

著　者　沖浦和光《おきうらかずてる》
発行者　小野寺優
発行所　株式会社河出書房新社
〒一五一-〇〇五一
東京都渋谷区千駄ヶ谷二-三二-二
電話〇三-三四〇四-八六一一（編集）
〇三-三四〇四-一二〇一（営業）
http://www.kawade.co.jp/

ロゴ・表紙デザイン　粟津潔
本文フォーマット　佐々木暁
本文組版　株式会社キャップス
印刷・製本　凸版印刷株式会社

Printed in Japan　ISBN978-4-309-41667-0

アジアの聖と賤　被差別民の歴史と文化

野間宏／沖浦和光　41415-7

差別と被差別の問題に深く関わり続けた碩学の、インド、中国、朝鮮、日本の被差別問題の根源を、貴・賤、浄・穢の軸から探る書。豊富な実地体験・調査から解き明かす。

日本の聖と賤　中世篇

野間宏／沖浦和光　41420-1

古代から中世に到る賤民の歴史を跡づけ、日本文化の地下伏流をなす被差別民の実像と文化の意味を、聖なるイメージ、天皇制との関わりの中で語りあう、両先達ならではの書。

旅芸人のいた風景

沖浦和光　41472-0

かつて日本には多くの旅芸人たちがいた。定住できない非農耕民は箕作り、竹細工などの仕事の合間、正月などに予祝芸を披露し、全国を渡り歩いた。その実際をつぶさに描く。

陰陽師とはなにか

沖浦和光　41512-3

陰陽師は平安貴族の安倍晴明のような存在ばかりではなかった。各地に、差別され、占いや呪術、放浪芸に従事した賤民がいた。彼らの実態を明らかにする。

ツクヨミ　秘された神

戸矢学　41317-4

アマテラス、スサノヲと並ぶ三貴神のひとり月読尊。だが記紀の記述は極端に少ない。その理由は何か。古代史上の謎の神の秘密に、三種の神器、天武、桓武、陰陽道の観点から初めて迫る。

完本　聖徳太子はいなかった　古代日本史の謎を解く

石渡信一郎　40980-1

『上宮記』、釈迦三尊像光背銘、天寿国繡帳銘は後世の創作、遣隋使派遣もアメノタリシヒコ（蘇我馬子）と『隋書』は言う。『日本書紀』で聖徳太子を捏造したのは誰か。聖徳太子不在説の決定版。

大化の改新

海音寺潮五郎　40901-6

五世紀末、雄略天皇没後の星川皇子の反乱から、壬申の乱に至る、古代史黄金の二百年を、聖徳太子、蘇我氏の隆盛、大化の改新を中心に描く歴史読み物。『日本書紀』を、徹底的にかつわかりやすく読み解く。

三種の神器

戸矢学　41499-7

天皇とは何か、神器はなぜ天皇に祟ったのか。天皇を天皇たらしめる祭祀の基本・三種の神器の歴史と実際を掘り下げ、日本の国と民族の根源を解き明かす。

応神天皇の正体

関裕二　41507-9

古代史の謎を解き明かすには、応神天皇の秘密を解かねばならない。日本各地で八幡神として祀られる応神が、どういう存在であったかを解き明かす、渾身の本格論考。

弾左衛門とその時代

塩見鮮一郎　40887-3

幕藩体制下、関八州の被差別民の頭領として君臨し、下級刑吏による治安維持、死牛馬処理の運営を担った弾左衛門とその制度を解説。被差別身分から脱したが、職業特権も失った維新期の十三代弾左衛門を詳説。

異形にされた人たち

塩見鮮一郎　40943-6

差別・被差別問題に関心を持つとき、避けて通れない考察をここにそろえる。サンカ、弾左衛門から、別所、俘囚、東光寺まで。近代の目はかつて差別された人々を「異形の人」として、「再発見」する。

賤民の場所　江戸の城と川

塩見鮮一郎　41052-4

徳川入府以前の江戸、四通する川の随所に城郭ができる。水運、馬事、監視などの面からも、そこは賤民の活躍する場所となる。浅草の渡来民から、太田道灌、弾左衛門まで。もう一つの江戸の実態。

吉原という異界

塩見鮮一郎　41410-2

不夜城「吉原」遊廓の成立・変遷・実態をつぶさに研究した、画期的な書。非人頭の屋敷の横、江戸の片隅に囲われたアジールの歴史と民俗。徳川幕府の裏面史。著者の代表傑作。

差別語とはなにか

塩見鮮一郎　40984-9

言語表現がなされる場においては、受け手に醸成される規範と、それを守るマスコミの規制を重視すべきである。そうした前提で、「差別語」に不快を感じる弱者の立場への配慮の重要性に目を覚ます。

部落史入門

塩見鮮一郎　41430-0

被差別部落の誕生から歴史を解説した的確な入門書は以外に少ない。過去の歴史的な先駆文献も検証しながら、もっとも適任の著者がわかりやすくまとめる名著。

一冊でつかむ日本史

武光誠　41593-2

石器時代から現代まで歴史の最重要事項を押さえ、比較文化的視点から日本の歴史を俯瞰。「文明のあり方が社会を決める」という著者の歴史哲学を通して、世界との比較から、日本史の特質が浮かび上がる。

藩と日本人　現代に生きる〈お国柄〉

武光誠　41348-8

加賀、薩摩、津軽や岡山、庄内などの例から、大小さまざまな藩による支配がどのようにして〈お国柄〉を生むことになったのか、藩単位の多様な文化のルーツを歴史の流れの中で考察する。

江戸の都市伝説　怪談奇談集

志村有弘〔編〕　41015-9

あ、あのこわい話はこれだったのか、という発見に満ちた、江戸の不思議な都市伝説を収集した決定版。ハーンの題材になった「茶碗の中の顔」、各地に分布する飴買い女の幽霊、「池袋の女」など。